JN094159

［編著］
明石順平

［著］
小倉崇徳 徳田隆裕
鈴木悠太 大久保陽加

［監修］
ブラック企業
被害対策弁護団

© 『ブラックジャックによろしく』佐藤秀峰

Q&A
誰でもできる
ブラック企業対策

集英社インターナショナル

Q & A 誰でもできるブラック企業対策　　目次

まえがき

「ブラック企業」という言葉は、もともと、2001年頃にインターネット掲示板で生まれた言葉です。就職してはいけないブラックリスト企業を略してブラック企業と呼ぶようになったようです。2013年には、「ブラック企業」が新語・流行語大賞を受賞するなど、世間一般に浸透した言葉となりました。

　当ブラック企業被害対策弁護団は、ブラック企業被害が頻発している状況に鑑み、2013年に設立されました。活動内容を要約すると下記のとおりです。

① ブラック企業被害者の法的権利実現
② ブラック企業被害への対応策の研究、情報発信
③ ブラック企業被害の調査
④ 社会への問題提起

　今まで、当弁護団は、実際の事件に取り組むだけではなく、SNS等を通じて、動画等の様々なコンテンツを配信し、ブラック企業被害の啓蒙に努めてきました。そして、この度、ブラック企業被害への対応策をまとめ、この本を出版することになりました。

　二次利用フリーとなっている佐藤秀峰氏の人気漫画『ブラックジャックによろしく』を使用させていただくなど、わかりやすさを最重要視して作っています。当弁護団のイメージキャラクターであるサビヲ（※1）

と、小雪（※2）がQ&Aでかけあいをしつつ、必要な部分についてはより詳細な解説を加える構成となっています。

「ブラック企業」という言葉が生まれてから20年ほど経過していますが、非常に残念なことに、ブラック企業被害は一向になくなりません。法的知識を持っておくことは、ブラック企業被害に対する最大の自衛策となります。この本が多くの方々に読まれることを願います。

※1 サビヲ
サービス残業への恨みが集まって形を成した妖精。ツイッターでよく呟いている（アカウント：@burabenhp）。

※2 小雪
当弁護団員が飼っている労働問題に詳しいサモエド犬。「労働基準監督犬小雪」という動画シリーズに出演している。

動画のQRコードは次のとおりです。

残業代編

解雇編

パワハラ編

以下、サビヲが小雪に質問し、それに小雪が答えていきます。

第 **1** 章

ブラック企業とは

© 『ブラックジャックによろしく』佐藤秀峰

ブラック企業の定義

サビヲ

Q 1-1

ブラック企業って、なに？

A 1-1

違法な労働をさせて、労働者の心身を
危険にさらす企業のことだよ。

小雪

「ブラック企業」という呼び名を世間に浸透させた、NPO 法人 POSSE
代表の今野晴貴氏の定義によると、ブラック企業の定義は「新興産業
において若者を大量に採用し、過重労働・違法労働・パワハラによって
使いつぶし、次々と離職に追い込む成長大企業」です。

　しかし、違法な労働をさせているのは新興産業に限りませんし、中
小企業でも法律違反は横行しています。そこで、本書では対象をより
広くして**「違法な労働をさせて、労働者の心身を危険にさらす企業」**
と定義しています。

　なお、国や地方自治体でも違法な労働をさせている場合はあるので、
「企業」に限定すべきではないかもしれません。

ブラック企業の見分け方

サビヲ

Q 1-2
ブラック企業ってどうやって見分ければいいの？

A 1-2
次の点をチェックしてみるといいよ。
① 新卒入社者の離職率。
② 過去に過労死やセクハラが問題になったことがあるか。
③ 固定残業代（残業代をあらかじめ固定で支払うことを約束すること）を採用しているか。
④ 求人票記載の待遇と実際の待遇が大きく異ならないか。
⑤ 労働組合はあるか。
⑥ 企業の規模に対して求人数が多すぎないか。
⑦ 常に求人を出していないか。

小雪

就活ハラスメント

サビヲ

Q 1-3

就活で女性が不利に扱われたり、セクハラを受けたりすることもあると聞いたけど、違法じゃないの?

A 1-3

違法だよ。募集・採用に当たっての性別による差別は男女雇用機会均等法第5条違反だよ。例えば女性に対し未婚であること、子どもがいないことなどを条件にするのは違法だよ。また、採用担当者が採用権限をちらつかせて食事に誘ったり、関係を迫ったりすることはセクハラに当たるよ。

小雪

　男女雇用機会均等法（雇用の分野における男女の均等な機会及び待遇の確保等に関する法律）第5条は、「**事業主は、労働者の募集及び採用について、その性別にかかわりなく均等な機会を与えなければならない**」と定めています。

　セクハラについては、録音する等して証拠を確保しておくべきでしょう。

勤務開始時に確認しておくべきこと

サビヲ

Q 1-4
新卒採用された会社で勤務を開始するんだけど、どういうことを確認しておくべきかな。

小雪

A 1-4
自分の労働条件をよく把握しておいて。労働条件の把握には労働契約書を見るのはもちろん、就業規則もよく確認するべきだよ。あとは、ブラック企業は労働者の労働時間をきちんと把握しないことが多いから、自分で労働時間をメモ、メール、アプリ、パソコンのログなどで記録すべきだよ。

　使用者は労働契約締結に際して、労働者に対し、賃金、労働時間その他の労働条件を明示する義務があります（労働基準法第15条、同法施行規則第5条）。また、次の5つについては書面による明示が義務付けられています。

① 労働契約の期間に関する事項

② 就業の場所・従事する業務の内容

③ 労働時間に関する事項（始業・終業の時刻、所定労働時間を超える労働の有無、休憩時間、休日、休暇、就業時転換に関する事項）

④ 賃金に関する事項（退職金・臨時に支払われる賃金を除く賃金について、その決定、計算・支払いの方法、締め切り・支払いの時期に関する事項）

⑤ 退職に関する事項

　なお、使用者には労働者の労働時間把握義務があります（労働安全衛生法第66条の8の3）。ただ、この義務には罰則がないので実効性には疑問があります。労働時間は労働者自身がきちんと記録するようにしましょう。そうしないと、あとで残業代請求等をする際に、証拠がなくて泣き寝入りを強いられることになりかねません。

参照条文

- **労働基準法第15条**（労働条件の明示）

①使用者は、労働契約の締結に際し、労働者に対して賃金、労働時間その他の労働条件を明示しなければならない。この場合において、賃金及び労働時間に関する事項その他の厚生労働省令で定める事項については、厚生労働省令で定める方法により明示しなければならない。

②前項の規定によって明示された労働条件が事実と相違する場合においては、労働者は、即時に労働契約を解除することができる。

③前項の場合、就業のために住居を変更した労働者が、契約解除の日から十四日以内に帰郷する場合においては、使用者は、必要な旅費を負担しなければならない。

- **労働基準法施行規則第5条**

①使用者が法第十五条第一項前段の規定により労働者に対して明示しなければならない労働条件は、次に掲げるものとする。ただし、第一号の二に掲げる事項については期間の定めのある労働契約であって当該労働契約の期間の満了後に当該労働契約を更新する場合があるものの締結の場合に限り、第四号の二から第十一号までに掲げる事項については使用者がこれらに関する定めをしない場合においては、この限りでない。

　　一　労働契約の期間に関する事項。

　　　　一の二　期間の定めのある労働契約を更新する場合の基準に関する事項。

　　　　一の三　就業の場所及び従事すべき業務に関する事項。

　　二　始業及び終業の時刻、所定労働時間を超える労働の有無、休憩時間、休日、休暇並びに労働者を二組以上に分けて就業させる場合における就業時転換に関する事項。

　　三　賃金（退職手当及び第五号に規定する賃金を除く。以下この号において同じ）の決定、計算及び支払の方法、賃金の締切り及び支払の時期並びに昇給に関する事項。

　　四　退職に関する事項（解雇の事由を含む）。

　　　　四の二　退職手当の定めが適用される労働者の範囲、退職手当の決定、計算及び支払の方法並びに退職手当の支払の時期に関する事項。

　　五　臨時に支払われる賃金（退職手当を除く）、賞与及び第八条各号に掲げる賃金並びに最低賃金額に関する事項。

　　六　労働者に負担させるべき食費、作業用品その他に関する事項。

七　　安全及び衛生に関する事項。

八　　職業訓練に関する事項。

九　　災害補償及び業務外の傷病扶助に関する事項。

十　　表彰及び制裁に関する事項。

十一　休職に関する事項。

②使用者は、法第十五条第一項前段の規定により労働者に対して明示しなければならない労働条件を事実と異なるものとしてはならない。

③法第十五条第一項後段の厚生労働省令で定める事項は、第一項第一号から第四号までに掲げる事項（昇給に関する事項を除く）とする。

④法第十五条第一項後段の厚生労働省令で定める方法は、労働者に対する前項に規定する事項が明らかとなる書面の交付とする。ただし、当該労働者が同項に規定する事項が明らかとなる次のいずれかの方法によることを希望した場合には、当該方法とすることができる。

一　　ファクシミリを利用してする送信の方法。

二　　電子メールその他のその受信をする者を特定して情報を伝達するために用いられる電気通信（電気通信事業法〈昭和五十九年法律第八十六号〉第二条第一号に規定する電気通信をいう。以下この号において「電子メール等」という）の送信の方法（当該労働者が当該電子メール等の記録を出力することにより書面を作成することができるものに限る）。

■ 労働安全衛生法第66条の8の3

事業者は、第六十六条の八第一項又は前条第一項の規定による面接指導を実施するため、厚生労働省令で定める方法により、労働者（次条第一項に規定する者を除く）の労働時間の状況を把握しなければならない。

第 **2** 章

採用内定

内定取消し

サビヲ

Q 2-1
採用内定だとまだ労働契約は成立してないの?

A 2-1
採用内定で労働契約は成立しているよ。だから会社が内定を取り消すことはそう簡単には認められないよ。

小雪

サビヲ

Q 2-2
採用内定をもらった会社から「君は草食系だからこの会社には合わないと思い、内定を取り消します」と言われたよ。

A 2-2
そんな理由での取消しは無効だよ。内定で労働契約は成立しているから、内定を取り消すことができるのは、「採用内定当時知ることができず、または知ることが期待できない」事実があとで判明し、しかも、それにより内定を取り消すことが「客観的に合理的と認められ社会通念上相当として是認できる」場合に限られるよ。

小雪

　採用内定通知の時点で、入社予定日を就労の始期とする「**解約権留保付労働契約**」**が成立しています**（「大日本印刷事件」最高裁判所・昭和54〈1979〉年7月20日）。そして取り消せる場合は上記回答の場合に限られます。

　具体的取消し事由について、厚生労働省労働基準局監督課編「採用から解雇、退職まで（改訂8版）」では、「**例えば学校を卒業できなかったとか、破廉恥罪を犯したなど内定時の評価に質的な変更を生じた場合に限られるであろう**」**としています**。例えば、入社前研修への参加を断った程度では、取消し事由になりません（「宣伝会議事件」東京地方裁判所・平成17〈2005〉年1月28日）。

　不況を理由とする内定取消しは認められにくいです。内定から入社までの短期間で急に業績が悪化することは稀であり、また仮に悪化したとしても、それを予見できなかった責任は会社にあるからです。厚生労働省も、「新規学校卒業者の採用に関する指針（平成21〈2009〉年1月19日改正版）」にて、**不況を理由とする内定取消しをしないよう要請しています。**

　なお、中途採用の場合も、内定取消しに関する判例法理は適用されます（「インフォミックス事件」東京地方裁判所・平成9〈1997〉年10月31日参照）。

内定取消しへの法的対応

サビヲ

Q 2-3

内定取消しって、どうやって争うの？

A 2-3

会社に対して、労働契約上の権利を有することの地位確認を求めると共に、解決時までの賃金や慰謝料の支払いを求めて、交渉するよ。相手が応じなければ労働審判か訴訟で争うことになるね。

小雪

内々定の法的性質

サビヲ

Q 2-4

内々定も労働契約成立なの？

A 2-4

場合によるよ。客観的に見て拘束関係が強ければ採用内定と同じと評価されるよ。他の会社を辞退させるとか、採用が確実である旨の対応をされたら採用内定と同じと言っていいだろうね。

小雪

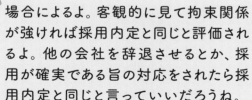

内定辞退を求められたら

サビヲ

Q 2-5
内定辞退しろって会社から急に言われたんだけど、どうしよう。

小雪

A 2-5
応じる義務なんてないから拒否すればいいよ。内定取消しだとあとで無効になる可能性があるから、辞退させた方が会社にとって都合がいいんだよ。なお、仮に辞退に応じる場合、他社への就職機会を奪われた上に、就職活動を再開しなければいけなくなり、精神的苦痛が発生するから、慰謝料の支払いを求めるといいよ。

インターンの労働者としての立場

サビヲ

Q 2-6

内定先で「入社前にインターンとして働け。その間は無給」って言われたよ。

小雪

A 2-6

それは違法だよ。インターンという名目であっても、あなたが上司から指揮命令を受けて働かされている場合は、労働者として扱われなければならないよ。だから給料を請求できるよ。

第 3 章

試用期間

©『ブラックジャックによろしく』佐藤秀峰

試用期間の法的性質

サビヲ

Q 3-1

正社員として入社して、試用期間3か月と言われたけど、もう2回も延長してるよ。入社したあとになって「試用期間中はアルバイト扱い」って言われて、給料も求人票より下げられたよ。これってあり？

A 3-1

あなたは正社員として契約したのだから、最初から正社員だし、試用期間の延長は原則としてできないよ。あとは勝手に給料を下げるのも違法だから、最初に約束した給料の支払いを求めることができるよ。

小雪

サビヲ

Q 3-2

試用期間3か月で入社したんだけど、最初の1か月経過時点で「君は我が社に向いていない」と言われて採用を拒否されたよ。

A 3-2

それは違法だよ。本採用を拒否できるのは、「客観的に合理的な理由があって、社会的相当性が認められる場合」だけだよ。「我が社に向いていない」

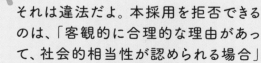

小雪

というあいまいな理由では採用拒否できないよ。

本採用を拒否できる場合

　試用期間付きの契約の法的性質は、**「解約権留保付労働契約」**と解釈されています。これは、**当初から期間の定めのない通常の労働契約ですが、試用期間中は、使用者に、労働者の不適格性を理由とする解約権が留保されている**というものです。

　この解約権の行使は、法律的には、労働契約法第16条の「解雇」として扱われます。そして、同条は、**「解雇は、客観的に合理的な理由を欠き、社会通念上相当であると認められない場合は、その権利を濫用したものとして、無効とする」**としています。**したがって、試用期間であるからと言って、簡単に解雇が認められるわけではありません。**本採用後の解雇に比べれば若干ハードルが低くなる、というだけです。

　試用期間の延長・更新は原則として認められません。例外的に認められ得るのは「試用契約を締結した際に予見し得なかったような事情により試用期間中に適格性の判断をなし得なかったため」とか、「本採用を拒否できる事由がある場合にそれを猶予する」ためなど合理的な理由がある場合です。

　本採用を拒否されないまま試用期間が経過すれば、特段の意思表示がなくても留保解約権は消滅し、通常の労働契約関係に移行します。

　なお、「試用期間中は契約社員」「試用期間中はアルバイト」等の形で契約がされる場合もあります。これについて、最高裁判所・平成2

（1990）年6月5日判決（「神戸弘陵学園事件」）では、「使用者が労働者を新規に採用するに当たり、その雇用契約に期間を設けた場合において、**その設けた趣旨・目的が労働者の適性を評価・判断するためのものであるとき**は、期間の満了により雇用契約が当然に終了する旨の明確な合意が成立しているなどの特段の事情が認められる場合を除き、**同期間は契約の存続期間ではなく、期間の定めのない労働契約下の試用期間**と解すべき」と判示しました。

　つまり、試用期間満了後の採用拒否をしやすいように、試用期間の名目を「契約社員」とか「アルバイト」に変えても無駄ということです。**実質が試用期間である限り、簡単に採用拒否はできません。**

╱ 参照条文 ╲

- **労働契約法第16条**
　解雇は、客観的に合理的な理由を欠き、社会通念上相当であると認められない場合は、その権利を濫用したものとして、無効とする。

第 **4** 章

賃金・残業代

賃金は最も重要な労働条件です

一方的に減額しても無効だし

書面で同意した場合ですら無効になる可能性があるんですよ

賃金は勝手に減額できない

サビヲ

Q 4-1
会社の業績が悪くて3か月前から給料が一部しか支払われていないよ。社長に文句を言ったら「お前らが仕事しないから売上が落ちた。その分を給料から引いた」って言われたよ。

A 4-1
それは違法だよ。使用者には賃金支払い義務があるから、賃金全額を払わないといけないよ。なにか色々な名目で勝手に天引きすることも違法だよ。

小雪

サビヲ

Q 4-2
会社の業績が悪いからと言って、勝手に給料を手取り24万円から21万円に減らされたよ。

A 4-2
会社が一方的に給料を減らすことはできないよ。労働契約の内容は使用者と労働者が合意して定めるものだから、どちらか一方が合意もなく勝手に内容を変えても無効だよ。

小雪

労働契約法第3条は「労働契約は、労働者及び使用者が対等の立場における合意に基づいて締結し、又は変更すべきものとする」と定め、同法第8条は「労働者及び使用者は、その合意により、労働契約の内容である労働条件を変更することができる」と定めています。つまり、**労使間の合意がないと労働契約の内容を変更できないのが原則**です。

　ただ、労働者との合意がなくても、就業規則の変更によって労働契約の内容を変更することが認められています（同法第9条）。

　しかし、その変更が労働者にとって不利益なものである場合は、「労働者の受ける不利益の程度、労働条件の変更の必要性、変更後の就業規則の内容の相当性、労働組合等との交渉の状況その他の就業規則の変更に係る事情に照らして**合理的なものである**」場合に限り、有効とされています（同法第10条）。なお、**賃金は極めて重要な労働条件なので、これを就業規則の変更によって一方的に変更しても、合理性が認められることは考え難いです。**

サビヲ

Q 4-3

仕事でミスしたら、上司に物凄く怒鳴られて、給料を5万円減額する同意書にサインさせられたよ。減額を受け入れるしかないのかな。

小雪

A 4-3

その同意が無効になる可能性もあるから諦めてはいけないよ。最低賃金を下回る減額同意や、就業規則や労働協約を下回る減額同意は無効だよ。それ以外にも、同意が真意から出たものではないと認められる場合は、無効にな

り得るよ。上司から怒鳴られて脅され
たような場合は無効になるだろうね。

減額同意書にサインしたらもう争えない？

　賃金は、「通貨で、直接労働者に、その全額を支払わなければならない」のが原則です（労働基準法第24条）。使用者が、労働者の債務不履行や不法行為を理由として、損害賠償請求権と賃金請求権を相殺することは認められません。**つまり損害分を給料から天引きすることは違法**です。これは全額払いの原則に反するからです。

　労働者との合意によって相殺する場合であっても、**その同意が労働者の自由な意思に基づいてなされたものであると認めるに足りる合理的な理由が客観的に存在する場合**に限って有効です（「日新製鋼事件」最高裁判所・平成2〈1990〉年11月26日）。

参照条文

■ **労働契約法第3条**
　①労働契約は、労働者及び使用者が対等の立場における合意に基づいて締結し、又は変更すべきものとする。
　②労働契約は、労働者及び使用者が、就業の実態に応じて、均衡を考慮しつつ締結し、又は変更すべきものとする。
　③労働契約は、労働者及び使用者が仕事と生活の調和にも配慮しつつ締結し、又は変更すべきものとする。
　④労働者及び使用者は、労働契約を遵守するとともに、信義に従い誠実に、権利を行使し、及び義務を履行しなければならない。
　⑤労働者及び使用者は、労働契約に基づく権利の行使に当たっては、それを濫用することがあってはならない。

▪ **労働契約法第8条**

労働者及び使用者は、その合意により、労働契約の内容である労働条件を変更することができる。

▪ **労働契約法第10条**

使用者が就業規則の変更により労働条件を変更する場合において、変更後の就業規則を労働者に周知させ、かつ、就業規則の変更が、労働者の受ける不利益の程度、労働条件の変更の必要性、変更後の就業規則の内容の相当性、労働組合等との交渉の状況その他の就業規則の変更に係る事情に照らして合理的なものであるときは、労働契約の内容である労働条件は、当該変更後の就業規則に定めるところによるものとする。ただし、労働契約において、労働者及び使用者が就業規則の変更によっては変更されない労働条件として合意していた部分については、第十二条に該当する場合を除き、この限りでない。

サビヲ

Q 4-4

パートとして週5日、8時〜17時まで勤務してるんだけど、「経営が苦しいからサインしてくれ」と言われて、賃金を月8万円にするという労働条件変更契約書にサインしてしまったよ。労働時間は変わらないのだけど。これってもうどうにもならないかな。

A 4-4

小雪

その状況だと、時給が最低賃金を下回っている可能性があるよ。会社は少なくとも最低賃金以上の賃金を支払う義務があるから、最低賃金との差額を請求することができる。また、減額自体が無効になる可能性もあるよ。

最高裁判所・平成28（2016）年2月19日判決（「山梨県民信用組合事件」）は、次のとおり判示しています。

「就業規則に定められた賃金や退職金に関する労働条件の変更に対す

る労働者の同意の有無については、当該変更を受け入れる旨の労働者の行為の有無だけでなく、当該変更により労働者にもたらされる不利益の内容及び程度、労働者により当該行為がされるに至った経緯及びその態様、当該行為に先立つ労働者への情報提供または説明の内容等に照らして、**当該行為が労働者の自由な意思に基づいてされたものと認めるに足りる合理的な理由が客観的に存在するか否か**という観点からも、判断されるべきものと解するのが相当である」。

　この事件では、就業規則を変更して退職金を減額し、それについて労働者から個別に同意書も取られていました。しかし、最高裁判所は、その際の情報提供が不十分であったこと等を理由として、上記の要件を満たさないと判断し、東京高等裁判所に差し戻しました。そして、東京高等裁判所の差し戻し審（東京高等裁判所・平成28〈2016〉年11月24日）では、個別合意の効力が否定されました。

　このように、賃金や退職金の減額については、**個別に書面で合意を取っていた場合ですら無効とされることがあります。**

「残業代を払わない」という合意は有効？

サビヲ

Q 4-5

「うちの会社は残業代出ないから」って、堂々と言われたけど、まあしょうがないか、と思って入社して働いてるよ。残業代の請求はできないのかな。

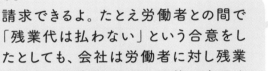

A 4-5

請求できるよ。たとえ労働者との間で「残業代は払わない」という合意をしたとしても、会社は労働者に対し残業代を支払う義務がある。法律に違反する合意は無効だよ。

小雪

サビヲ

Q 4-6

そもそも残業ってさせていいの？

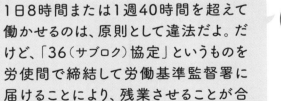

小雪

A 4-6

1日8時間または1週40時間を超えて働かせるのは、原則として違法だよ。だけど、「36（サブロク）協定」というものを労使間で締結して労働基準監督署に届けることにより、残業させることが合法になっているんだよ。この36協定すら締結していない会社がたくさんあるよ。また、36協定を締結していても、1

か月45時間、1年で360時間の上限を超えて残業させることは原則としてできないよ。

　労働基準法の原則では、1日8時間、1週40時間以上労働させてはならないことになっています（労働基準法第32条）。また、休日は週に1日または4週で4日以上です（同法第35条）。休日の決まりはこうなっているものの、1週40時間という縛りがあるので、多くの会社は土日休みの週休2日制を取っています。

　使用者が、労働者の過半数で組織する労働組合か、それがない場合には労働者の過半数を代表する者との、書面による協定を締結して労働基準監督署にこれを届け出た場合、この「1日8時間、1週40時間」を超える残業や、休日労働をさせることができます。この決まりが労働基準法第36条に規定されているので、一般に「36協定」と呼ばれています。

　そしてこの協定は事業場毎に締結する必要があります。つまり店舗が多くあるような会社であれば、店舗毎に締結する必要があります。**36協定を締結していない会社は非常に多く、厚生労働省の「平成25（2013）年度労働時間等総合実態調査」によると、36協定を締結していない事業場の割合は44.8%にものぼります。**

　2019年4月から施行された改正労働基準法により、残業時間の上限の原則が、1か月45時間、1年360時間となりました。ただし、例外が設けられており、特別条項付きの36協定を締結すれば、例外的に次の上限まで残業時間を拡張することができます。

① 時間外労働が年720時間以内
② 時間外労働と休日労働の合計が月100時間未満
③ 時間外労働と休日労働の合計について、「2か月平均」「3か月平均」「4か月平均」「5か月平均」「6か月平均」がすべてひと月当たり80時間以内
④ 時間外労働が月45時間を超えることができるのは、年6か月が限度

　①については、「休日労働時間が含まれない」という点がポイントです。なぜか休日労働時の時間が除外されているため、大幅に時間が削られてしまうのです。

　②〜④の規制は、要するに後述する「過労死ライン」に到達しないようにしろということです。

　なお、かつてはこのような上限がなく、36協定に特別条項を付ければ青天井に残業をさせることが可能な制度になっていました。それに比べればまだましになったとは言えますが、労働者保護の観点から言えば、まだまだ不十分な規制です。

　この残業時間の上限規制は、大企業については2019年4月から、中小企業については2020年4月から適用となりましたが、それ以外に、施行から5年間、適用が猶予される業務があります。詳細は **図4-1** の表のとおりです。

　このように猶予されている業務があるという点も、労働者保護の観点からは問題です。

図4-1 労働基準法における、労働時間の上限規制が猶予・除外となる事業・業務

事業・業務	猶予期間中の取り扱い （2024年3月31日まで）	猶予後の取り扱い （2024年4月1日以降）
建設事業	上限規制は 適用されません。	●災害の復旧・復興の事業を除き、上限規制がすべて適用されます。 ●災害の復旧・復興の事業に関しては、時間外労働と休日労働の合計について、 　✓月100時間未満 　✓2〜6か月平均80時間以内 とする規制は適用されません。
自動車運転の業務		●特別条項付き36協定を締結する場合の年間の時間外労働の上限が年960時間となります。 ●時間外労働と休日労働の合計について、 　✓月100時間未満 　✓2〜6か月平均80時間以内 とする規制は適用されません。 ●時間外労働が月45時間を超えることができるのは年6か月までとする規制は適用されません。
医師		具体的な上限時間は今後、省令で定めることとされています。
鹿児島県および沖縄県における砂糖製造業	時間外労働と休日労働の合計について、 ✓月100時間未満 ✓2〜6か月平均80時間以内とする規制は適用されません。	上限規制がすべて適用されます。

出典：厚生労働省・都道府県労働局・労働基準監督署「時間外労働の上限規制 わかりやすい解説」

- **労働基準法第32条**

①使用者は、労働者に、休憩時間を除き一週間について四十時間を超えて、労働させてはならない。

②使用者は、一週間の各日については、労働者に、休憩時間を除き一日について八時間を超えて、労働させてはならない。

- **労働基準法第35条**

①使用者は、労働者に対して、毎週少くとも一回の休日を与えなければならない。

②前項の規定は、四週間を通じ四日以上の休日を与える使用者については適用しない。

- **労働基準法第36条**

①使用者は、当該事業場に、労働者の過半数で組織する労働組合がある場合においてはその労働組合、労働者の過半数で組織する労働組合がない場合においては労働者の過半数を代表する者との書面による協定をし、厚生労働省令で定めるところによりこれを行政官庁に届け出た場合においては、第三十二条から第三十二条の五まで若しくは第四十条の労働時間（以下この条において「労働時間」という）又は前条の休日（以下この条において「休日」という）に関する規定にかかわらず、その協定で定めるところによって労働時間を延長し、又は休日に労働させることができる。

②前項の協定においては、次に掲げる事項を定めるものとする。

　一　この条の規定により労働時間を延長し、又は休日に労働させることができることとされる労働者の範囲。

　二　対象期間（この条の規定により労働時間を延長し、又は休日に労働させることができる期間をいい、一年間に限るものとする。第四号及び第六項第三号において同じ）。

　三　労働時間を延長し、又は休日に労働させることができる場合。

　四　対象期間における一日、一箇月及び一年のそれぞれの期間について労働時間を延長して労働させることができる時間又は労働させることができる休日の日数。

　五　労働時間の延長及び休日の労働を適正なものとするために必要な事項として厚生労働省令で定める事項。

③前項第四号の労働時間を延長して労働させることができる時間は、当該事業場の業務量、時間外労働の動向その他の事情を考慮して通常予見される時間外労働の範囲内において、限度時間を超えない時間に限る。

④前項の限度時間は、一箇月について四十五時間及び一年について三百六十時間（第三十二条の四第一項第二号の対象期間として三箇月を超える期間を定めて同条の規定により労働させる場合にあっては、一箇月について四十二時間及び一年について三百二十時間）とする。

⑤第一項の協定においては、第二項各号に掲げるもののほか、当該事業場における通常予見することのできない業務量の大幅な増加等に伴い臨時的に第三項の限度時間を超えて労働させる必要がある場合において、一箇月について労働時間を延長して労働させ、及び休日において労働させることができる時間（第二項第四号に関して協定した時間を含め百時間未満の範囲内に限る）並びに一年について労働時間を延長して労働させることができる時間（同号に関して協定した時間を含め七百二十時間を超えない範囲内に限る）を定めることができる。こ

の場合において、第一項の協定に、併せて第二項第二号の対象期間において労働時間を延長して労働させる時間が一箇月について四十五時間（第三十二条の四第一項第二号の対象期間として三箇月を超える期間を定めて同条の規定により労働させる場合にあっては、一箇月について四十二時間）を超えることができる月数（一年について六箇月以内に限る）を定めなければならない。

⑥使用者は、第一項の協定で定めるところによって労働時間を延長して労働させ、又は休日において労働させる場合であっても、次の各号に掲げる時間について、当該各号に定める要件を満たすものとしなければならない。

　　一　坑内労働その他厚生労働省令で定める健康上特に有害な業務について、一日について労働時間を延長して労働させた時間　二時間を超えないこと。

　　二　一箇月について労働時間を延長して労働させ、及び休日において労働させた時間　百時間未満であること。

　　三　対象期間の初日から一箇月ごとに区分した各期間に当該各期間の直前の一箇月、二箇月、三箇月、四箇月及び五箇月の期間を加えたそれぞれの期間における労働時間を延長して労働させ、及び休日において労働させた時間の一箇月当たりの平均時間　八十時間を超えないこと。

⑦厚生労働大臣は、労働時間の延長及び休日の労働を適正なものとするため、第一項の協定で定める労働時間の延長及び休日の労働について留意すべき事項、当該労働時間の延長に係る割増賃金の率その他の必要な事項について、労働者の健康、福祉、時間外労働の動向その他の事情を考慮して指針を定めることができる。

⑧第一項の協定をする使用者及び労働組合又は労働者の過半数を代表する者は、当該協定で労働時間の延長及び休日の労働を定めるに当たり、当該協定の内容が前項の指針に適合したものとなるようにしなければならない。

⑨行政官庁は、第七項の指針に関し、第一項の協定をする使用者及び労働組合又は労働者の過半数を代表する者に対し、必要な助言及び指導を行うことができる。

⑩前項の助言及び指導を行うに当たっては、労働者の健康が確保されるよう特に配慮しなければならない。

⑪第三項から第五項まで及び第六項（第二号及び第三号に係る部分に限る）の規定は、新たな技術、商品又は役務の研究開発に係る業務については適用しない。

© 『ブラックジャックによろしく』佐藤秀峰

年俸制でも残業代は発生する

サビヲ

Q 4-7
年俸制で働いているから、残業代は出ないよね。

A 4-7
それは誤解だよ。年俸制でも残業代は発生するよ。

小雪

　年俸制とは、1年単位で賃金額を決める、つまり「年俸○○万円」という賃金の定め方をする制度です。

　多くの方は、プロ野球選手や外資系企業の労働者を想像すると思います。ただし、年俸制であっても、毎月1回は賃金を支払わなければなりませんから、年俸額を12で割って月々支給されることになります。

　年俸制は、「あらかじめ会社で定められた労働時間（所定労働時間）に働いた分として、その年俸額を支払う」というものです。所定労働時間を超えて働いた分（残業分）についても年俸額でカバーされるわけではありません。

　そのため、**所定労働時間または法定労働時間**（1日8時間、1週40時間）**を超えて働いた場合には、残業代の支払いを求めることができます。**当然、残業代だけでなく、休日手当、深夜手当の支払いを求めることができます。

　使用者から、年俸の中に残業代が含まれているので、年俸以外に残業代は支払わないと言われたとしても、**年俸において、通常の労働時間の賃金に当たる部分と残業代に当たる部分とを判別できない場合に**

は、残業代を請求できます（「医療法人社団康心会事件」最高裁判所・平成29〈2017〉年7月7日）。

歩合制でも残業代は発生する

サビヲ

Q 4-8
歩合制だと残業代って発生しないんだよね。

A 4-8
誤解だよ。歩合制でも残業代は発生するよ。

小雪

　歩合制とは、その労働者の業務成果や実績に応じて賃金が定められる制度を言い、「出来高制」「インセンティブ制」などと呼ばれることもあります。営業職員やタクシー運転手などが典型と言えるでしょう。

　また、歩合制には「固定給○円＋歩合給○円」（固定給と歩合給の併給制）のケースもあれば、「歩合給○円のみ」（オール歩合制）のケースもあります。

　このような歩合制で働く労働者も、労働者である以上、法定労働時間を超えて労働すれば、残業代の支払いを求めることができます。休日手当・深夜手当も同様です。

　使用者から、歩合給の中に残業代が含まれているので、残業代は支払わないと言われたとしても、歩合給において、通常の労働時間の賃金に当たる部分と残業代に当たる部分とを判別できない場合には、残業代を請求できます（「高知県観光事件」最高裁判所・平成6〈1994〉年6月13日）。

© 『ブラックジャックによろしく』佐藤秀峰

固定残業代とは

サビヲ

Q 4-9
基本給21万円、固定残業代毎月2万円て会社から言われているんだけど、これで残業代が払われたことになるの?

小雪

A 4-9
その固定残業代が無効になる可能性はあるよ。契約書や就業規則ではっきり決まっていないといけないし、はっきり決まっていたとしても実態を見て無効とされることはあるよ。固定残業代が無効になれば、残業代を払ったことにならないよ。君の場合、基本給が21万円じゃなくて23万円ということになって、それに加えて残業代が発生することになるよ。

サビヲ

Q 4-10
基本給28万円で、その中に残業代が含まれているって会社から説明されたんだけど、これで残業代が払われたことになるの?

小雪

A 4-10
ならないよ。残業代とそうでない部分が判別できないとダメだよ。君の会社の場合、どこまでが残業代かわからないから、払ったことにできないよ。

固定残業代とは、**一定の決まった金額を、残業の有無にかかわらず、残業代として支払う**というものです。大きく分けて次の2種類があると言われています。これに当てはまらないものもあります。

① 組み込み型
基本給や歩合給の中に残業代を組み入れてしまうというもの。「歩合給に残業代が含まれる」「基本給30万円、50時間分の残業代を含む」「基本給30万円、そのうち3割は残業代」等。

② 手当型
基本給とは別に、例えば「営業手当」等の名目で一定額を支払うというもの。

　基本的に、**固定残業代は、残業代とそうでない部分が判別できることが必要**です。例えば、「残業代はすべて歩合給に含まれている」としても無効です。そんなことを言われても、本当に残業代が払われているのかどうか、判別できないからです。
　そして、はっきり判別できる場合でも、直ちに有効となるわけではありません。最高裁判所・平成30（2018）年7月19日判決（「日本ケミカル事件」）は、月30時間分の固定残業代として「業務手当」が支払われていた事案において、次のとおり判示しました。
　「雇用契約においてある手当が**時間外労働等に対する対価として支払われるもの**とされているか否かは、雇用契約に係る契約書等の記載内容のほか、具体的事案に応じ、使用者の労働者に対する当該手当や割増賃金に関する説明の内容、労働者の実際の労働時間等の勤務状況などの事情を考慮して判断すべきである」。
　わかりやすく要素を抜き出すと次のとおりです。

① 雇用契約に係る契約書等の記載内容
② 使用者の労働者に対する当該手当や割増賃金に関する説明の内容
③ 労働者の実際の労働時間等の勤務状況など

　この①〜③を考慮せよと言っています。①は「ちゃんと契約書や就業規則に書いてあるか」、②は「ちゃんと説明しているか」ということです。また、③は、固定残業代が、「実際の残業時間と整合が取れているか」ということです。

　この事案では①契約書に記載があり、②説明もされていて、③実際の残業時間もおおむね30時間程度だったので、有効とされました。逆に言うと、これらの要件を満たさない場合、**たとえ残業代とそうでない部分が判別可能であっても、固定残業代が「残業に対する対価とは言えない」として無効になる余地がある**、ということです。

　また、最高裁判所・令和2 (2020) 年3月30日判決（「国際自動車事件」）は、タクシー運転手の残業代請求事案において、使用者側の主張を退けました。この事案では、業績や時間外労働時間に応じて増える給与が「対象額A」と名付けられ、そこから残業代や交通費等を差し引いたものが歩合給とされていました。つまり、残業代が増えれば増えるほど、「対象額A」から残業代分が差し引かれるため、実質は残業代がゼロになってしまうのです。

　最高裁判所は、このような実態を考慮し、残業代として払われたお金のうち、どれが残業に対する対価なのか判別できないので、残業代が払われているとは言えない、と判断しました。この事案では、一見すると残業代とそうでない部分の判別は可能ですが、それでも無効とされたのです。

　その他、**過労死ラインである1か月80時間分の固定残業代を定めていた事案において、民法第90条の公序良俗に反するとして無効とした**

第4章

賃金・残業代

裁判例があります（「イクヌーザ事件」東京高等裁判所・平成30〈2018〉年10月4日）。

　このように、固定残業代という制度は、まず、残業代とそうでない部分を判別できなければ無効ですが、判別できる場合でも、無効になるケースがあります。

「管理職」の残業代

サビヲ

Q 4-11

課長に昇進したんだけど、会社から「君は管理職になったから残業代は出ない」って言われたよ。

A 4-11

小雪

違法だよ。確かに労働基準法上の「管理監督者」には深夜割増を除く残業代は発生しないことになってるけど、この「管理監督者」っていうのは、経営者と一体的立場にあるような人のことだよ。課長程度ではまず当てはまらないよ。名称は関係なく、実態を見て判断されるから、「工場長」とか「支店長」っていう肩書きの人でも、「管理監督者」に該当しないと判断した例もあるよ。物凄く厳しく判断されるんだ。

「監督若しくは管理の地位にある者」には、残業代と休日割増賃金が発生しません（労働基準法第41条）。ただし、深夜割増賃金は発生します。一般的にこれは「管理監督者」と呼ばれています。

「管理監督者」という呼称のせいか、「課長になったから残業代は発生しない」「店長だから残業代は発生しない」など、おおいに誤解されています。つまり、世間一般で言うところの「管理職」（課長以上）になれば、残業代は発生しない、という勘違いが蔓延しています。

しかし、「管理監督者」とは、具体的に言うと**「労働条件の決定その他労務管理について経営者と一体的立場にある者」であり、名称にとらわれず、実態に即して判断すべき**とされています。

その具体的な判断要素は、「①職務の内容・権限・責任」「②出・退社についての自由度」「③その地位にふさわしい処遇」等です。**管理監督者に該当するかどうかは極めて厳しく判断されます。**例えば、裁判で管理監督者該当性を否定された事例における肩書きを並べていくと次のとおりです。

- 取締役工場長（「橘屋事件」大阪地方裁判所・昭和40〈1965〉年5月22日）
- 支店長代理（「静岡銀行事件」静岡地方裁判所・昭和53〈1978〉年3月28日）
- ホテルの料理長（「セントラル・パーク事件」岡山地方裁判所・平成19〈2007〉年3月27日）
- マクドナルド直営店店長（「日本マクドナルド事件」東京地方裁判所・平成20〈2008〉年1月28日）
- 音楽院の教務部長、事業部長（「神代学園ミューズ音楽院事件」東京高等裁判所・平成17〈2005〉年3月30日）
- 会社支社長（「ゲートウェイ21事件」東京地方裁判所・平成20〈2008〉年9月30日）
- プロジェクトリーダー（「東和システム事件」東京地方裁判所・平成21〈2009〉年3月9日）

いずれも肩書きだけ見れば「管理監督者」に該当しそうですが、否定されています。

- **労働基準法第41条**

　この章、第六章及び第六章の二で定める労働時間、休憩及び休日に関する規定は、次の各号の一に該当する労働者については適用しない。

　　一　　別表第一第六号（林業を除く）又は第七号に掲げる事業に従事する者。

　　二　　事業の種類にかかわらず監督若しくは管理の地位にある者又は機密の事務を取り扱う者。

　　三　　監視又は断続的労働に従事する者で、使用者が行政官庁の許可を受けたもの。

携帯電話がある
この現代で

事業場外みなしが
有効になる
余地なんて
ないわよ……

© 『ブラックジャックによろしく』佐藤秀峰

事業場外労働のみなし労働時間制

Q 4-12
外回りの営業をやっているんだけど、「君は場外みなしだから残業代は出ない」って言われたよ。

A 4-12
「場外みなし」が有効になるのは、労働者が事業場外で労働に従事する場合であって、「労働時間が算定し難いとき」だよ。携帯電話が普及した今では、事業場の外にいても何をしているのか把握して労働時間を算定するのは簡単だから、場外みなしが有効になる余地はほとんどないよ。

小雪

　労働者が事業場外で労働に従事する場合であって、「労働時間が算定し難いとき」に、所定労働時間を働いたものと「みなす」制度があります。これを「事業場外労働のみなし労働時間制」と言います（労働基準法第38条の2）。これが適用されると、例えばみなし時間が8時間と定められていた場合、実際には11時間働いたとしても、8時間しか働いていないとみなされます。

　しかし、**携帯電話が普及した現代において、この適用要件を満たす場合はほぼないと言って良いでしょう。** 携帯電話があれば、労働者がどこで何をしているのかを容易に把握し、労働時間を算定できるからです。

最高裁判所・平成26（2014）年1月24日判決（「阪急トラベルサポート事件」）も、募集型企画旅行における添乗員の業務について、概要下記のとおり認定して、場外みなしの適用を否定しています。

① 会社は添乗員との間であらかじめ定められた旅行日程に沿った旅程の管理などの業務を行うことを具体的に指示している。
② 会社は、添乗員に対し、**携帯電話を所持して常時電源を入れておき**、旅程に変更を生じる事態が生じた場合には会社に報告して個別の指示を求めることとしている。
③ 会社は、添乗員に対し、旅行日程の終了後は添乗日報によって詳細な報告をするものとしている。

参照条文

▪ **労働基準法第38条の2**
　①労働者が労働時間の全部又は一部について事業場外で業務に従事した場合において、労働時間を算定し難いときは、所定労働時間労働したものとみなす。ただし、当該業務を遂行するためには通常所定労働時間を超えて労働することが必要となる場合においては、当該業務に関しては、厚生労働省令で定めるところにより、当該業務の遂行に通常必要とされる時間労働したものとみなす。
　②前項ただし書の場合において、当該業務に関し、当該事業場に、労働者の過半数で組織する労働組合があるときはその労働組合、労働者の過半数で組織する労働組合がないときは労働者の過半数を代表する者との書面による協定があるときは、その協定で定める時間を同項ただし書の当該業務の遂行に通常必要とされる時間とする。
　③使用者は、厚生労働省令で定めるところにより、前項の協定を行政官庁に届け出なければならない。

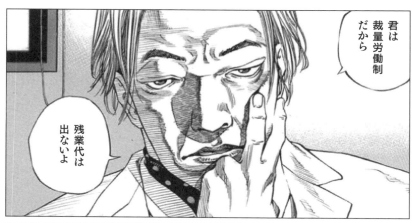

裁量労働制

サビヲ

Q 4-13

「君は裁量労働制だから残業代は出ない」って言われたよ。

A 4-13

裁量労働制の適用要件を満たしていない場合や、実態として裁量がない場合は適用が否定されることがあるから、諦めてはいけないよ。

小雪

　裁量労働制とは、一定の労働時間働いたと「みなす」制度です。「専門業務型裁量労働制」と「企画業務型裁量労働制」の2種類があります。例えば、みなし時間を8時間と定めれば、何時間働いたとしても、8時間働いたとしかみなされません。12時間働いても、5時間しか働かなくても、みなされるのは8時間です。

　ただし、裁量労働制が適用される場合であっても、深夜や休日に残業させた場合はその分の割増賃金を支払う必要があります。

　各制度の適用要件は次のとおりです。

① 専門業務型裁量労働制（労働基準法第38条の3）

1. 対象業務が厚生労働省令及び厚生労働大臣告示で定める19の業務のいずれかに該当すること。
2. 労働者の過半数代表者と労使協定を締結すること。
3. 就業規則または労働協約の定めがあること。

② 企画業務型裁量労働制（労働基準法第38条の4）

1. 対象となる事業場において労使委員会を設置し、委員の5分の4以上の多数によって、制度導入に必要な事項に関する決議を経ること。
2. 「1の決議」を労働基準監督署に届け出ること。
3. 対象労働者から同意を得ること。

これらの要件を満たしていないケースがあるので、「裁量労働制だから残業代は出ない」と簡単に諦めてはいけません。

参照条文

- **労働基準法第38条の3**

①使用者が、当該事業場に、労働者の過半数で組織する労働組合があるときはその労働組合、労働者の過半数で組織する労働組合がないときは労働者の過半数を代表する者との書面による協定により、次に掲げる事項を定めた場合において、労働者を第一号に掲げる業務に就かせたときは、当該労働者は、厚生労働省令で定めるところにより、第二号に掲げる時間労働したものとみなす。

　一　業務の性質上その遂行の方法を大幅に当該業務に従事する労働者の裁量にゆだねる必要があるため、当該業務の遂行の手段及び時間配分の決定等に関し使用者が具体的な指示をすることが困難なものとして厚生労働省令で定める業務のうち、労働者に就かせることとする業務（以下この条において「対象業務」という）。

　二　対象業務に従事する労働者の労働時間として算定される時間。

　三　対象業務の遂行の手段及び時間配分の決定等に関し、当該対象業務に従事する労働者に対し使用者が具体的な指示をしないこと。

　四　対象業務に従事する労働者の労働時間の状況に応じた当該労働者の健康及び福祉を確保するための措置を当該協定で定めるところにより使用者が講ずること。

　五　対象業務に従事する労働者からの苦情の処理に関する措置を当該協定で定めるところにより使用者が講ずること。

　六　前各号に掲げるもののほか、厚生労働省令で定める事項。

②前条第三項の規定は、前項の協定について準用する。

- **労働基準法第38条の4**

①賃金、労働時間その他の当該事業場における労働条件に関する事項を調査審議し、事業主に対し当該事項について意見を述べることを目的とする委員会（使用者及び当該事業場の

労働者を代表する者を構成員とするものに限る）が設置された事業場において、当該委員会がその委員の五分の四以上の多数による議決により次に掲げる事項に関する決議をし、かつ、使用者が、厚生労働省令で定めるところにより当該決議を行政官庁に届け出た場合において、第二号に掲げる労働者の範囲に属する労働者を当該事業場における第一号に掲げる業務に就かせたときは、当該労働者は、厚生労働省令で定めるところにより、第三号に掲げる時間労働したものとみなす。

一　　事業の運営に関する事項についての企画、立案、調査及び分析の業務であって、当該業務の性質上これを適切に遂行するにはその遂行の方法を大幅に労働者の裁量に委ねる必要があるため、当該業務の遂行の手段及び時間配分の決定等に関し使用者が具体的な指示をしないこととする業務（以下この条において「対象業務」という）。

二　　対象業務を適切に遂行するための知識、経験等を有する労働者であって、当該対象業務に就かせたときは当該決議で定める時間労働したものとみなされることとなるものの範囲。

三　　対象業務に従事する前号に掲げる労働者の範囲に属する労働者の労働時間として算定される時間。

四　　対象業務に従事する第二号に掲げる労働者の範囲に属する労働者の労働時間の状況に応じた当該労働者の健康及び福祉を確保するための措置を当該決議で定めるところにより使用者が講ずること。

五　　対象業務に従事する第二号に掲げる労働者の範囲に属する労働者からの苦情の処理に関する措置を当該決議で定めるところにより使用者が講ずること。

六　　使用者は、この項の規定により第二号に掲げる労働者の範囲に属する労働者を対象業務に就かせたときは第三号に掲げる時間労働したものとみなすことについて当該労働者の同意を得なければならないこと及び当該同意をしなかった当該労働者に対して解雇その他不利益な取扱いをしてはならないこと。

七　　前各号に掲げるもののほか、厚生労働省令で定める事項。

②前項の委員会は、次の各号に適合するものでなければならない。

一　　当該委員会の委員の半数については、当該事業場に、労働者の過半数で組織する労働組合がある場合においてはその労働組合、労働者の過半数で組織する労働組合がない場合においては労働者の過半数を代表する者に厚生労働省令で定めるところにより任期を定めて指名されていること。

二　　当該委員会の議事について、厚生労働省令で定めるところにより、議事録が作成され、かつ、保存されるとともに、当該事業場の労働者に対する周知が図られていること。

三　　前二号に掲げるもののほか、厚生労働省令で定める要件。

③厚生労働大臣は、対象業務に従事する労働者の適正な労働条件の確保を図るために、労働政策審議会の意見を聴いて、第一項各号に掲げる事項その他同項の委員会が決議する事項について指針を定め、これを公表するものとする。

④第一項の規定による届出をした使用者は、厚生労働省令で定めるところにより、定期的

に、同項第四号に規定する措置の実施状況を行政官庁に報告しなければならない。

⑤第一項の委員会においてその委員の五分の四以上の多数による議決により第三十二条の二第一項、第三十二条の三第一項、第三十二条の四第一項及び第二項、第三十二条の五第一項、第三十四条第二項ただし書、第三十六条第一項、第二項及び第五項、第三十七条第三項、第三十八条の二第二項、前条第一項並びに次条第四項、第六項及び第九項ただし書に規定する事項について決議が行われた場合における第三十二条の二第一項、第三十二条の三第一項、第三十二条の四第一項から第三項まで、第三十二条の五第一項、第三十四条第二項ただし書、第三十六条、第三十七条第三項、第三十八条の二第二項、前条第一項並びに次条第四項、第六項及び第九項ただし書の規定の適用については、第三十二条の二第一項中「協定」とあるのは「協定若しくは第三十八条の四第一項に規定する委員会の決議（第百六条第一項を除き、以下「決議」という）」と、第三十二条の三第一項、第三十二条の四第一項から第三項まで、第三十二条の五第一項、第三十四条第二項ただし書、第三十六条第二項及び第五項から第七項まで、第三十七条第三項、第三十八条の二第二項、前条第一項並びに次条第四項、第六項及び第九項ただし書中「協定」とあるのは「協定又は決議」と、第三十二条の四第二項中「同意を得て」とあるのは「同意を得て、又は決議に基づき」と、第三十六条第一項中「届け出た場合」とあるのは「届け出た場合又は決議を行政官庁に届け出た場合」と、「その協定」とあるのは「その協定又は決議」と、同条第八項中「又は労働者の過半数を代表する者」とあるのは「若しくは労働者の過半数を代表する者又は同項の決議をする委員」と、「当該協定」とあるのは「当該協定又は当該決議」と、同条第九項中「又は労働者の過半数を代表する者」とあるのは「若しくは労働者の過半数を代表する者又は同項の決議をする委員」とする。

© 『ブラックジャックによろしく』佐藤秀峰

フレックスタイム制

サビヲ

Q 4-14
「うちはフレックスタイム制だから残業代は
出ない」って言われたよ。

A 4-14
嘘だよ。あらかじめ定めた総労働時間
を超えれば、フレックスタイム制でも残
業代は発生するよ。

小雪

　フレックスタイム制は、一定の期間についてあらかじめ定めた総労
働時間の範囲内で、労働者が日々の始業・終業時刻、労働時間を自分
で決める制度です（労働基準法第32条の3）。例えば、一定の期間を1か月
と定めれば、その1か月の実際に働いた合計時間が、あらかじめ決め
た時間を超えれば、超えた分だけ残業代が発生します。この制度はた
だ出退勤時間を自分で決められるというだけのものであり、残業代が
発生しないわけではありません。

参照条文

- **労働基準法第32条の3**
　①使用者は、就業規則その他これに準ずるものにより、その労働者に係る始業及び終業の
　時刻をその労働者の決定に委ねることとした労働者については、当該事業場の労働者の過
　半数で組織する労働組合がある場合においてはその労働組合、労働者の過半数で組織する
　労働組合がない場合においては労働者の過半数を代表する者との書面による協定により、
　次に掲げる事項を定めたときは、その協定で第二号の清算期間として定められた期間を平
　均し一週間当たりの労働時間が第三十二条第一項の労働時間を超えない範囲内において、
　同条の規定にかかわらず、一週間において同項の労働時間又は一日において同条第二項の
　労働時間を超えて、労働させることができる。

一　　この項の規定による労働時間により労働させることができることとされる労働者の範囲。

二　　清算期間（その期間を平均し一週間当たりの労働時間が第三十二条第一項の労働時間を超えない範囲内において労働させる期間をいい、三箇月以内の期間に限るものとする。以下この条及び次条において同じ）。

三　　清算期間における総労働時間。

四　　その他厚生労働省令で定める事項。

②清算期間が一箇月を超えるものである場合における前項の規定の適用については、同項各号列記以外の部分中「労働時間を超えない」とあるのは「労働時間を超えず、かつ、当該清算期間をその開始の日以後一箇月ごとに区分した各期間（最後に一箇月未満の期間を生じたときは、当該期間。以下この項において同じ）ごとに当該各期間を平均し一週間当たりの労働時間が五十時間を超えない」と、「同項」とあるのは「同条第一項」とする。

③一週間の所定労働日数が五日の労働者について第一項の規定により労働させる場合における同項の規定の適用については、同項各号列記以外の部分（前項の規定により読み替えて適用する場合を含む）中「第三十二条第一項の労働時間」とあるのは「第三十二条第一項の労働時間（当該事業場の労働者の過半数で組織する労働組合がある場合においてはその労働組合、労働者の過半数で組織する労働組合がない場合においては労働者の過半数を代表する者との書面による協定により、労働時間の限度について、当該清算期間における所定労働日数を同条第二項の労働時間に乗じて得た時間とする旨を定めたときは、当該清算期間における日数を七で除して得た数をもってその時間を除して得た時間）」と、「同項」とあるのは「同条第一項」とする。

④前条第二項の規定は、第一項各号に掲げる事項を定めた協定について準用する。ただし、清算期間が一箇月以内のものであるときは、この限りでない。

1週間単位、1か月単位、1年単位の変形労働時間制

サビヲ

Q 4-15
「うちは1か月単位の変形労働時間制だから残業代は出ない」って言われたよ。

A 4-15
嘘だよ。対象期間内における1週間あたりの平均労働時間が40時間を超えれば残業代は発生するよ。ほとんど毎日残業があるような職場では意味がない制度だよ。

小雪

　労働基準法には、1週間単位（労働基準法第32条の5）、1か月単位（労働基準法第32条の2）及び1年単位（労働基準法第32条の4）の3種類からなる変形労働時間制があります。これは、**その期間内の労働時間を平均して1週40時間を超えなければ、残業代が発生しない**、というものです。

　つまり、長く働いた日があれば、**その分短く働く日を入れて**、平均値が1週40時間以内に収まるようにしなければなりません。したがって、毎日常に残業があるような企業では全く意味がないし、平均が週40時間を超えてしまえば、残業代は発生します。

　なお、平均週40時間以内に抑えるため、**あらかじめ単位期間内の各週・各日の労働時間を特定することが要求されており、それをしないと適用を否定されます**。そのようなめんどくさいことをすべての企業がやっているとは思えませんので、適用が否定される場合が多いでしょう。

- **労働基準法第32条の5**（1週間単位の変形労働時間制）

①使用者は、日ごとの業務に著しい繁閑の差が生ずることが多く、かつ、これを予測した上で就業規則その他これに準ずるものにより各日の労働時間を特定することが困難であると認められる厚生労働省令で定める事業であって、常時使用する労働者の数が厚生労働省令で定める数未満のものに従事する労働者については、当該事業場に、労働者の過半数で組織する労働組合がある場合においてはその労働組合、労働者の過半数で組織する労働組合がない場合においては労働者の過半数を代表する者との書面による協定があるときは、第三十二条第二項の規定にかかわらず、一日について十時間まで労働させることができる。

②使用者は、前項の規定により労働者に労働させる場合においては、厚生労働省令で定めるところにより、当該労働させる一週間の各日の労働時間を、あらかじめ、当該労働者に通知しなければならない。

③第三十二条の二第二項の規定は、第一項の協定について準用する。

- **労働基準法第32条の2**（1か月単位の変形労働時間制）

①使用者は、当該事業場に、労働者の過半数で組織する労働組合がある場合においてはその労働組合、労働者の過半数で組織する労働組合がない場合においては労働者の過半数を代表する者との書面による協定により、又は就業規則その他これに準ずるものにより、一箇月以内の一定の期間を平均し一週間当たりの労働時間が前条第一項の労働時間を超えない定めをしたときは、同条の規定にかかわらず、その定めにより、特定された週において同項の労働時間又は特定された日において同条第二項の労働時間を超えて、労働させることができる。

②使用者は、厚生労働省令で定めるところにより、前項の協定を行政官庁に届け出なければならない。

- **労働基準法第32条の4**（1年単位の変形労働時間制）

①使用者は、当該事業場に、労働者の過半数で組織する労働組合がある場合においてはその労働組合、労働者の過半数で組織する労働組合がない場合においては労働者の過半数を代表する者との書面による協定により、次に掲げる事項を定めたときは、第三十二条の規定にかかわらず、その協定で第二号の対象期間として定められた期間を平均し一週間当たりの労働時間が四十時間を超えない範囲内において、当該協定（次項の規定による定めをした場合においては、その定めを含む）で定めるところにより、特定された週において同条第一項の労働時間又は特定された日において同条第二項の労働時間を超えて、労働させることができる。

　　一　　この条の規定による労働時間により労働させることができることとされる労働者の範囲。

　　二　　対象期間（その期間を平均し一週間当たりの労働時間が四十時間を超えない範囲内において労働させる期間をいい、一箇月を超え一年以内の期間に限るものとする。以下この条及び次条において同じ）。

　　三　　特定期間（対象期間中の特に業務が繁忙な期間をいう。第三項において同じ）。

　　四　　対象期間における労働日及び当該労働日ごとの労働時間（対象期間を一箇月以上の期

間ごとに区分することとした場合においては、当該区分による各期間のうち当該対象期間の初
　　　日の属する期間（以下この条において「最初の期間」という）における労働日及び当該労
　　　働日ごとの労働時間並びに当該最初の期間を除く各期間における労働日数及び総
　　　労働時間）。
　　五　　その他厚生労働省令で定める事項。
②使用者は、前項の協定で同項第四号の区分をし当該区分による各期間のうち最初の期間
を除く各期間における労働日数及び総労働時間を定めたときは、当該各期間の初日の少な
くとも三十日前に、当該事業場に、労働者の過半数で組織する労働組合がある場合におい
てはその労働組合、労働者の過半数で組織する労働組合がない場合においては労働者の過
半数を代表する者の同意を得て、厚生労働省令で定めるところにより、当該労働日数を超
えない範囲内において当該各期間における労働日及び当該総労働時間を超えない範囲内に
おいて当該各期間における労働日ごとの労働時間を定めなければならない。
③厚生労働大臣は、労働政策審議会の意見を聴いて、厚生労働省令で、対象期間における
労働日数の限度並びに一日及び一週間の労働時間の限度並びに対象期間（第一項の協定で特
定期間として定められた期間を除く）及び同項の協定で特定期間として定められた期間におけ
る連続して労働させる日数の限度を定めることができる。
④第三十二条の二第二項の規定は、第一項の協定について準用する。

© 『ブラックジャックによろしく』佐藤秀峰

給特法とは

サビヲ

Q 4-16
私立学校の教員をやっているんだけど、「君は教師なんだから残業代は出ない」って言われたよ。

A 4-16
嘘だよ。たしかに公立学校の教員についてはいわゆる給特法の適用があって、残業代が出ない運用になってしまっているけど、国立学校や私立学校の教員は適用対象外だから関係ないよ。

小雪

　給特法（公立の義務教育諸学校等の教育職員の給与等に関する特別措置法）第3条第2項は「教育職員については、時間外勤務手当及び休日勤務手当は、支給しない」と定めています。すなわち、公立学校の教員は、法律によって「残業代ゼロ」にされているのです。

　公立学校の教員については、いわゆる超勤4項目（①生徒の実習、②学校行事、③職員会議、④非常災害、児童生徒の指導に関し緊急の措置を必要とする場合等）に該当する場合を除き、残業を命令すること自体ができないことになっています。そして、給料の4%にあたる「教職調整額」が固定で支払われており、これが残業代の代わりとされています。

　簡単に言えば、給料の4%がいわば「固定残業代」であり、残業を命じることができるのはあくまで例外的な場合であって、基本的に残業命令禁止です。しかし、これは全くの建前と化しており、残業は発生しています。しかし、「自発的労働」として扱われ、残業代が出ない

という運用になってしまっているのです。**これが公立学校教員の過労死・過労うつを生み出す大きな要因です。**

給特法とその運用自体が極めて不当なものですが、**この法律が適用されるのは公立学校教員のみであり、国立学校や私立学校の教員には適用されません**ので、国立学校や私立学校の教員は、残業代の請求ができます。しかし、「教員には残業代が出ない」という勘違いを利用して、残業代が払われていないという実態があります。

▷ 参照条文

■ **給特法**（公立の義務教育諸学校等の教育職員の給与等に関する特別措置法）**第3条**

①教育職員（校長、副校長及び教頭を除く。以下この条において同じ）には、その者の給料月額の百分の四に相当する額を基準として、条例で定めるところにより、教職調整額を支給しなければならない。

②教育職員については、時間外勤務手当及び休日勤務手当は、支給しない。

③第一項の教職調整額の支給を受ける者の給与に関し、次の各号に掲げる場合においては、当該各号に定める内容を条例で定めるものとする。

　　一　地方自治法（昭和二十二年法律第六十七号）第二百四条第二項に規定する地域手当、特地勤務手当（これに準ずる手当を含む）、期末手当、勤勉手当、定時制通信教育手当、産業教育手当又は退職手当について給料をその算定の基礎とする場合　当該給料の額に教職調整額の額を加えた額を算定の基礎とすること。

　　二　休職の期間中に給料が支給される場合　当該給料の額に教職調整額の額を加えた額を支給すること。

　　三　外国の地方公共団体の機関等に派遣される一般職の地方公務員の処遇等に関する法律（昭和六十二年法律第七十八号）第二条第一項の規定により派遣された者に給料が支給される場合　当該給料の額に教職調整額の額を加えた額を支給すること。

　　四　公益的法人等への一般職の地方公務員の派遣等に関する法律（平成十二年法律第五十号）第二条第一項の規定により派遣された者に給料が支給される場合　当該給料の額に教職調整額の額を加えた額を支給すること。

コマ給制でも残業代は発生する

サビヲ

Q 4-17
私立学校の教員をやっているんだけど、「1コマ○○円」という形で給料が決まっていて、残業代が出ないよ。これってあり？

A 4-17
違法だよ。使用者の指揮命令下で働く時間は労働時間だから、授業の準備時間等も労働時間に入るよ。だから残業代は払わないとダメだよ。

小雪

「1コマ○○円」という形で給料を決める方法は、私立学校の教員や、学習塾のアルバイト講師等によく用いられる手法です。この決め方だと、授業以外の時間は給料が発生しないかのように錯覚しますが、法律上、使用者の指揮命令下にある時間はすべて労働時間です。

したがって、**授業の準備時間もすべて労働時間であり、それが法定の労働時間**（所定労働時間が法定労働時間より短い場合は所定労働時間）**を超えた場合は残業代が発生します。**

© 『ブラックジャックによろしく』佐藤秀峰

67

会社が休業したときの賃金

サビヲ

Q 4-18

緊急事態宣言が発令され外出自粛要請が出されたことを理由に、会社が休業したよ。休業補償を求めたら「国の要請なんだから仕方がないだろう」って断られたよ。

A 4-18

小雪

自粛要請はあくまで要請だから、会社は自分の判断で休業しているだけということになるよ。だから、賃金全額の支払いを求めることができるよ。ただ、会社も厳しい状況であることは確かだから、「雇用調整助成金」の申請を会社に勧めるのがいいよ。

　緊急事態宣言下での自粛要請はあくまで要請です。したがって、休業した場合であっても、それはあくまで使用者の自主的判断であり、使用者の「責めに帰すべき事由」がありますので、民法第536条第2項により、**使用者には賃金全額の支払い義務が発生します。**

　なお、労働基準法第26条は、労働者を休業させた場合について、平均賃金の6割以上の休業手当を支払うよう定めています。これは、平均賃金の6割以上を支払えば、労働基準法の罰則の適用を受けないというだけであり、**本来の賃金との差額の支払い義務がなくなるわけではありません。** そして、この休業手当の支払い義務すらなくなる場合は、天災等の不可抗力による休業だけです。

雇用調整助成金とは、「新型コロナウイルス感染症の影響」により、「事業活動の縮小」を余儀なくされた場合に、従業員の雇用維持を図るために、「労使間の協定」に基づき、「雇用調整（休業）」を実施する事業主に対して、休業手当などの一部を助成するものです。一人1日1万5000円を上限額として、労働者へ支払う休業手当等のうち最大で10分の10が助成されます。

　助成率は企業の規模や、事業主が雇用を維持したか否かによって **図4-2** のように分かれます（この特例措置は、令和2〈2020〉年4月1日〜令和3〈2021〉年11月30日までの期間を1日でも含む賃金締切期間が対象です）。

　なお、雇用調整助成金は使用者が申請しなければなりませんが、使用者が手続きを取らないケースが多いことが指摘されていました。そこで、休業させられた労働者が直接申請できる「新型コロナウイルス感染症対応休業支援金・給付金」も用意されています。

　これは、令和2（2020）年10月1日から令和3（2021）年11月30日までの間に事業主の指示を受けて休業させられた中小企業の労働者に対して、休業前の1日あたり平均賃金の80％（令和2〈2020〉年10月1日〜令和3〈2021〉年4月30日まで上限1万1000円、令和3〈2021〉年5月1日〜11月30日まで上限9900円、ただし、緊急事態措置またはまん延防止等重点措置を実施すべき区域の知事の要請を受けて営業時間の短縮等に協力する新型インフルエンザ等対策特別措置法施行令第11条に定める施設〈飲食店等〉については1万1000円となります。※2021年9月18日現在）を支給するものです。

　これらの助成金の内容は状況に応じて変化していくため、詳細は厚生労働省のホームページでご確認ください。

図4-2 雇用調整助成金の特例措置（緊急対応期間中）

雇用調整助成金は、事業主が労働者に休業手当等を支払う場合、その一部を助成する制度です。

特例措置により助成率および上限額の引き上げを行っています。

（教育訓練を実施した場合は、さらに教育訓練を受けた労働者1人につき日額最大2400円が加算されます）。

この特例措置は、令和2年4月1日から令和3年11月30日までの期間を1日でも含む賃金締切期間（判定基礎期間）が対象です。

助成率 判定基礎期間の初日が令和3年4月まで
（1人1日1万5000円が上限）

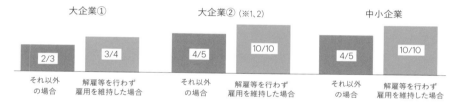

※1 売上高等の生産指標が最近3か月平均で前年または前々年同期に比べ30％以上減少している大企業
※2 緊急事態宣言の実施区域、またはまん延防止等重点措置の対象区域（職業安定局長が定める区域）において都道府県知事による営業時間の短縮等の要請等に協力する大企業

助成率 判定基礎期間の初日が令和3年5月以降
（1人1日1万3500円〈※1、2の場合は1万5000円〉が上限）

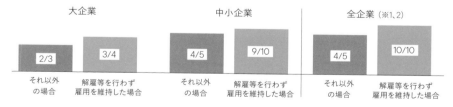

※1 売上高等の生産指標が最近3か月平均で前年または前々年同期に比べ30％以上減少している企業
※2 緊急事態宣言の実施区域、またはまん延防止等重点措置の対象区域（職業安定局長が定める区域）において、都道府県知事による営業時間の短縮等の要請等に協力する企業

出典：厚生労働省「雇用調整助成金（新型コロナウイルス感染症の影響に伴う特例）」

```
参照条文
```

- **民法第536条**

①当事者双方の責めに帰することができない事由によって債務を履行することができなくなったときは、債権者は、反対給付の履行を拒むことができる。

②債権者の責めに帰すべき事由によって債務を履行することができなくなったときは、債権者は、反対給付の履行を拒むことができない。この場合において、債務者は、自己の債務を免れたことによって利益を得たときは、これを債権者に償還しなければならない。

- **労働基準法第26条**

使用者の責に帰すべき事由による休業の場合においては、使用者は、休業期間中当該労働者に、その平均賃金の百分の六十以上の手当を支払わなければならない。

© 『ブラックジャックによろしく』佐藤秀峰

記録しろ

サビヲ

Q 4-19

残業の証拠ってどういうものがあるの?

A 4-19

小雪

タイムカード、メモ、メール、パソコンのログ、スマホのアプリ、IC乗車券の履歴等、色々あるよ。客観的に記録され、あとから改ざんできないようなものは証明力が高いよ。自分で毎日記録しておくのがいいよ。

© 『ブラックジャックによろしく』佐藤秀峰

残業代の時効

サビヲ

Q 4-20

残業代の時効って何年なの?

A 4-20

2020年3月までに支払い日が来た残業代の時効は2年、2020年4月以降に支払い日が来る残業代の時効は3年だよ。

小雪

改正前の民法では、賃金債権の時効は1年でした。しかし、これでは短すぎるので、労働基準法第115条により、時効が2年に延ばされていました。

ところが、民法改正により、一般債権の時効期間が一律5年になりました。これに合わせて、賃金債権の時効も当然5年にすべきでしたが、経済界が猛反対したことにより、当分の間3年にすることになってしまったのです。**改正民法の施行が2020年4月1日からですので、それより前に支払い日が来た賃金の時効は2年、あとに支払い日が来た賃金の時効は3年**となりました。

きちんと残業代を払っていれば経済界が反対する理由はないでしょう。経済界が時効の延長に猛反対したのは、残業代を払っていない企業がたくさんあることを物語っています。

第4章 賃金・残業代

75

- **民法第166条**

①債権は、次に掲げる場合には、時効によって消滅する。

　　一　　債権者が権利を行使することができることを知った時から五年間行使しないとき。

　　二　　権利を行使することができる時から十年間行使しないとき。

②債権又は所有権以外の財産権は、権利を行使することができる時から二十間行使しないときは、時効によって消滅する。

③前二項の規定は、始期付権利又は停止条件付権利の目的物を占有する第三者のために、その占有の開始の時から取得時効が進行することを妨げない。ただし、権利者は、その時効を更新するため、いつでも占有者の承認を求めることができる。

- **労働基準法第115条**

この法律の規定による賃金の請求権はこれを行使することができる時から五年間、この法律の規定による災害補償その他の請求権（賃金の請求権を除く）はこれを行使することができる時から二年間行わない場合においては、時効によって消滅する。

- **労働基準法第143条**

①第百九条の規定の適用については、当分の間、同条中「五年間」とあるのは、「三年間」とする。

②第百十四条の規定の適用については、当分の間、同条ただし書中「五年」とあるのは、「三年」とする。

③第百十五条の規定の適用については、当分の間、同条中「賃金の請求権はこれを行使することができる時から五年間」とあるのは、「退職手当の請求権はこれを行使することができる時から五年間、この法律の規定による賃金（退職手当を除く）の請求権はこれを行使することができる時から三年間」とする。

※労働基準法第115条だけを見ると、賃金請求権の時効は5年になっているように見えますが、第143条第3項によってそれが修正されており、請求期間は当分の間3年となります。

残業代の請求方法

サビヲ

Q 4-21

どうやって請求すればいいの?

小雪

A 4-21

メールやFAX、内容証明など、とにかく「請求した」という証拠が残るものなら何でもいいよ。時効の進行を止めるのが最優先だから、厳密に残業代を算定できていなくてもいい。「●年●月から●年●月までの残業代の支払いを求めます」という程度の内容でも十分だよ。

残業代は、放っておくと、1か月ずつ時効にかかっていってしまいます。これを止めるには催告が必要で、**催告をしておけば、とりあえず6か月間時効完成が猶予されます**。その間に使用者と交渉し、払ってもらえなければ、労働審判や訴訟を提起して支払いを求めることになります。なお、催告から6か月以内に労働審判や訴訟を提起しなければ、時効は完成してしまいます。

催告については、厳密に請求額を確定しておく必要はなく、残業代を請求する期間だけでも示しておけば十分です。

第4章

賃金・残業代

■ **民法第147条**

①次に掲げる事由がある場合には、その事由が終了する（確定判決又は確定判決と同一の効力を有するものによって権利が確定することなくその事由が終了した場合にあっては、その終了の時から六箇月を経過する）までの間は、時効は、完成しない。

  一　　裁判上の請求。

  二　　支払督促。

  三　　民事訴訟法第二百七十五条第一項の和解又は民事調停法（昭和二十六年法律第二百二十二号）若しくは家事事件手続法（平成二十三年法律第五十二号）による調停。

  四　　破産手続参加、再生手続参加又は更生手続参加。

②前項の場合において、確定判決又は確定判決と同一の効力を有するものによって権利が確定したときは、時効は、同項各号に掲げる事由が終了した時から新たにその進行を始める。

■ **民法第150条**

①催告があったときは、その時から六箇月を経過するまでの間は、時効は、完成しない。

②催告によって時効の完成が猶予されている間にされた再度の催告は、前項の規定による時効の完成猶予の効力を有しない。

有給休暇、育児休業、介護休業

有給休暇の取得

Q 5-1

入社するときに、会社から「うちは有給休暇なしだけど大丈夫?」って言われて、「大丈夫です」と答えてしまったよ。有給休暇は取れないのかな。

A 5-1

取れるよ。法律で決まっていることだから、入社時にどんな約束をしようと有給休暇は取れるよ。①入社した日から6か月以上働き続けていて、②会社で決められた勤務日数の80%以上を出勤していれば、誰でも取れるよ。アルバイトでも有給休暇は発生するよ。「なんで休むんだ」とか言われても、理由を答える義務はないよ。

労働基準法が定める有給休暇の付与日数は 図5-1 の表のとおりです。

図5-1 年次有給休暇の付与日数

① 通常の労働者の付与日数

継続勤務年数(年)	0.5	1.5	2.5	3.5	4.5	5.5	6.5以上
付与日数(日)	10	11	12	14	16	18	20

② 週所定労働日数が4日以下かつ週所定労働時間が30時間未満の労働者の付与日数

	週所定労働日数	1年間の所定労働日数 ※	継続勤務年数(年)						
			0.5	1.5	2.5	3.5	4.5	5.5	6.5以上
付与日数(日)	4日	169日〜216日	7	8	9	10	12	13	15
	3日	121日〜168日	5	6	6	8	9	10	11
	2日	73日〜120日	3	4	4	5	6	6	7
	1日	48日〜72日	1	2	2	2	3	3	3

※週以外の期間によって労働日数が定められている場合

出典：厚生労働省「年次有給休暇の付与日数」

　例えば、勤続6年半以上、週5日勤務の人は、1年あたり20日の有給休暇を取得できます。そして、有給休暇の時効は2年ですから、20日×2年＝40日間が制度上取得できる有給休暇の上限です。

　いつ年次有給休暇を取得するかは、労働者が指定することによって決まり、使用者は指定された日に年次有給休暇を与えなければなりません（労働基準法第39条第5項本文）。そして、**有給休暇を取得する理由も不要です**。なお、年10日以上の年次有給休暇が付与される労働者に対しては、年次有給休暇の日数のうち年5日について、使用者が時季を指定して取得させることが必要です。

　労働者の指定した日に年次有給休暇を与えると、事業の正常な運営

が妨げられる場合に限り、使用者に休暇日を変更する権利（時季変更権）が認められています（労働基準法第39条第5項但し書き）。この時季変更権が認められるのは、例えば同じ日に多くの労働者が同時に休暇指定した場合等のことであり、**単に「業務多忙だから」という理由では時季変更権は認められません。**

　また、この時季変更権は、**退職する際の有給休暇の取得に対して使うことはできません。**なぜなら、退職する人に対し、時季を変更して代わりの日に有給休暇を取得させることはできないからです。

参照条文

- **労働基準法第39条**
　①使用者は、その雇入れの日から起算して六箇月間継続勤務し全労働日の八割以上出勤した労働者に対して、継続し、又は分割した十労働日の有給休暇を与えなければならない。
　②使用者は、一年六箇月以上継続勤務した労働者に対しては、雇入れの日から起算して六箇月を超えて継続勤務する日（以下「六箇月経過日」という）から起算した継続勤務年数一年ごとに、前項の日数に、次の表の上欄に掲げる六箇月経過日から起算した継続勤務年数の区分に応じ同表の下欄に掲げる労働日を加算した有給休暇を与えなければならない。ただし、継続勤務した期間を六箇月経過日から一年ごとに区分した各期間（最後に一年未満の期間を生じたときは、当該期間）の初日の前日の属する期間において出勤した日数が全労働日の八割未満である者に対しては、当該初日以後の一年間においては有給休暇を与えることを要しない。

六箇月経過日から 起算した継続勤務年数	労働日
一年	一労働日
二年	二労働日
三年	四労働日
四年	六労働日
五年	八労働日
六年以上	十労働日

　③次に掲げる労働者（一週間の所定労働時間が厚生労働省令で定める時間以上の者を除く）の有給休暇の日数については、前二項の規定にかかわらず、これらの規定による有給休暇の日数を基準とし、通常の労働者の一週間の所定労働日数として厚生労働省令で定める日数（第一号において「通常の労働者の週所定労働日数」という）と当該労働者の一週間の所定労働日数

又は一週間当たりの平均所定労働日数との比率を考慮して厚生労働省令で定める日数とする。

一　一週間の所定労働日数が通常の労働者の週所定労働日数に比し相当程度少ないものとして厚生労働省令で定める日数以下の労働者。

二　週以外の期間によって所定労働日数が定められている労働者については、一年間の所定労働日数が、前号の厚生労働省令で定める日数に一日を加えた日数を一週間の所定労働日数とする労働者の一年間の所定労働日数その他の事情を考慮して厚生労働省令で定める日数以下の労働者。

④使用者は、当該事業場に、労働者の過半数で組織する労働組合があるときはその労働組合、労働者の過半数で組織する労働組合がないときは労働者の過半数を代表する者との書面による協定により、次に掲げる事項を定めた場合において、第一号に掲げる労働者の範囲に属する労働者が有給休暇を時間を単位として請求したときは、前三項の規定による有給休暇の日数のうち第二号に掲げる日数については、これらの規定にかかわらず、当該協定で定めるところにより時間を単位として有給休暇を与えることができる。

一　時間を単位として有給休暇を与えることができることとされる労働者の範囲。

二　時間を単位として与えることができることとされる有給休暇の日数（五日以内に限る）。

三　その他厚生労働省令で定める事項。

⑤使用者は、前各項の規定による有給休暇を労働者の請求する時季に与えなければならない。ただし、請求された時季に有給休暇を与えることが事業の正常な運営を妨げる場合においては、他の時季にこれを与えることができる。

⑥使用者は、当該事業場に、労働者の過半数で組織する労働組合がある場合においてはその労働組合、労働者の過半数で組織する労働組合がない場合においては労働者の過半数を代表する者との書面による協定により、第一項から第三項までの規定による有給休暇を与える時季に関する定めをしたときは、これらの規定による有給休暇の日数のうち五日を超える部分については、前項の規定にかかわらず、その定めにより有給休暇を与えることができる。

⑦使用者は、第一項から第三項までの規定による有給休暇（これらの規定により使用者が与えなければならない有給休暇の日数が十労働日以上である労働者に係るものに限る。以下この項及び次項において同じ）の日数のうち五日については、基準日（継続勤務した期間を六箇月経過日から一年ごとに区分した各期間〈最後に一年未満の期間を生じたときは、当該期間〉の初日をいう。以下この項において同じ）から一年以内の期間に、労働者ごとにその時季を定めることにより与えなければならない。ただし、第一項から第三項までの規定による有給休暇を当該有給休暇に係る基準日より前の日から与えることとしたときは、厚生労働省令で定めるところにより、労働者ごとにその時季を定めることにより与えなければならない。

⑧前項の規定にかかわらず、第五項又は第六項の規定により第一項から第三項までの規定による有給休暇を与えた場合においては、当該与えた有給休暇の日数（当該日数が五日を超える場合には、五日とする）分については、時季を定めることにより与えることを要しない。

⑨使用者は、第一項から第三項までの規定による有給休暇の期間又は第四項の規定による有給休暇の時間については、就業規則その他これに準ずるもので定めるところにより、そ

れぞれ、平均賃金若しくは所定労働時間労働した場合に支払われる通常の賃金又はこれらの額を基準として厚生労働省令で定めるところにより算定した額の賃金を支払わなければならない。ただし、当該事業場に、労働者の過半数で組織する労働組合がある場合においてはその労働組合、労働者の過半数で組織する労働組合がない場合においては労働者の過半数を代表する者との書面による協定により、その期間又はその時間について、それぞれ、健康保険法（大正十一年法律第七十号）第四十条第一項に規定する標準報酬月額の三十分の一に相当する金額（その金額に、五円未満の端数があるときは、これを切り捨て、五円以上十円未満の端数があるときは、これを十円に切り上げるものとする）又は当該金額を基準として厚生労働省令で定めるところにより算定した金額を支払う旨を定めたときは、これによらなければならない。

⑩労働者が業務上負傷し、又は疾病にかかり療養のために休業した期間及び育児休業、介護休業等育児又は家族介護を行う労働者の福祉に関する法律第二条第一号に規定する育児休業又は同条第二号に規定する介護休業をした期間並びに産前産後の女性が第六十五条の規定によって休業した期間は、第一項及び第二項の規定の適用については、これを出勤したものとみなす。

育児休業制度

サビヲ

Q 5-2

育児休業ってどういう制度？

A 5-2

小雪

原則として子どもの1歳の誕生日の前日まで、休業できる制度だよ。延長できる場合もあるよ。この期間は使用者に対する労務提供義務が消滅するから、解雇されることはないよ。
雇用保険に加入している人であれば、産後休業期間（出産後8週間）のあと、子が1歳に達する日（誕生日の前日）までの期間、育児休業給付金をもらえるよ。性別に関係なく使える制度だよ。

　育児休業は、「① 同一の事業主に引き続き1年以上雇用されていること」「② 子が1歳6か月に達する日までに、労働契約の期間が満了することが明らかでないこと」の両方の要件を満たす有期契約労働者も取得することができます（育児・介護休業法第5条第1項但し書き）。
　両親ともに育児休業を取得する場合には、特例として、子が1歳2か月まで育児休業期間を延長できます（育児・介護休業法第9条の2）。また、保育所の入所申し込みをしているが、入所できない場合などには子が1歳6か月に達する日の前日まで、育児休業を延長することができます（育児・介護休業法第5条第3項、施行規則第5条）。

また、育児休業とは別に、小学校就学前の子を養育する労働者は、1年に5労働日（子が2人以上の場合には10労働日）、時間単位で、「子の看護休暇」を取ることもできます（育児・介護休業法第16条の2、施行規則第34条）。

─┤ 参照条文 ├────────────────────────────

■ **育児・介護休業法**（育児休業、介護休業等育児又は家族介護を行う労働者の福祉に関する法律）**第5条**
①労働者は、その養育する一歳に満たない子について、その事業主に申し出ることにより、育児休業をすることができる。ただし、期間を定めて雇用される者にあっては、次の各号のいずれにも該当するものに限り、当該申出をすることができる。
　　一　当該事業主に引き続き雇用された期間が一年以上である者。
　　二　その養育する子が一歳六か月に達する日までに、その労働契約（労働契約が更新される場合にあっては、更新後のもの）が満了することが明らかでない者。
②前項の規定にかかわらず、育児休業（当該育児休業に係る子の出生の日から起算して八週間を経過する日の翌日まで〈出産予定日前に当該子が出生した場合にあっては当該出生の日から当該出産予定日から起算して八週間を経過する日の翌日までとし、出産予定日後に当該子が出生した場合にあっては当該出産予定日から当該出生の日から起算して八週間を経過する日の翌日までとする〉の期間内に、労働者（当該期間内に労働基準法〈昭和二十二年法律第四十九号〉第六十五条第二項の規定により休業した者を除く）が当該子を養育するためにした前項の規定による最初の申出によりする育児休業を除く）をしたことがある労働者は、当該育児休業を開始した日に養育していた子については、厚生労働省令で定める特別の事情がある場合を除き、同項の申出をすることができない。
③労働者は、その養育する一歳から一歳六か月に達するまでの子について、次の各号のいずれにも該当する場合に限り、その事業主に申し出ることにより、育児休業をすることができる。ただし、期間を定めて雇用される者であってその配偶者が当該子が一歳に達する日（以下「一歳到達日」という）において育児休業をしているものにあっては、第一項各号のいずれにも該当するものに限り、当該申出をすることができる。
　　一　当該申出に係る子について、当該労働者又はその配偶者が、当該子の一歳到達日において育児休業をしている場合。
　　二　当該子の一歳到達日後の期間について休業することが雇用の継続のために特に必要と認められる場合として厚生労働省令で定める場合に該当する場合。
④労働者は、その養育する一歳六か月から二歳に達するまでの子について、次の各号のいずれにも該当する場合に限り、その事業主に申し出ることにより、育児休業をすることができる。
　　一　当該申出に係る子について、当該労働者又はその配偶者が、当該子の一歳六か月に達する日（次号及び第六項において「一歳六か月到達日」という）において育児休業をしている場合。
　　二　当該子の一歳六か月到達日後の期間について休業することが雇用の継続のために

特に必要と認められる場合として厚生労働省令で定める場合に該当する場合。

⑤第一項ただし書の規定は、前項の申出について準用する。この場合において、第一項第二号中「一歳六か月」とあるのは、「二歳」と読み替えるものとする。

⑥第一項、第三項及び第四項の規定による申出（以下「育児休業申出」という）は、厚生労働省令で定めるところにより、その期間中は育児休業をすることとする一の期間について、その初日（以下「育児休業開始予定日」という）及び末日（以下「育児休業終了予定日」という）とする日を明らかにして、しなければならない。この場合において、第三項の規定による申出にあっては当該申出に係る子の一歳到達日の翌日を、第四項の規定による申出にあっては当該申出に係る子の一歳六か月到達日の翌日を、それぞれ育児休業開始予定日としなければならない。

⑦第一項ただし書、第二項、第三項ただし書、第五項及び前項後段の規定は、期間を定めて雇用される者であって、その締結する労働契約の期間の末日を育児休業終了予定日（第七条第三項の規定により当該育児休業終了予定日が変更された場合にあっては、その変更後の育児休業終了予定日とされた日）とする育児休業をしているものが、当該育児休業に係る子について、当該労働契約の更新に伴い、当該更新後の労働契約の期間の初日を育児休業開始予定日とする育児休業申出をする場合には、これを適用しない。

■ **育児・介護休業法**（育児休業、介護休業等育児又は家族介護を行う労働者の福祉に関する法律）**第6条**

①事業主は、労働者からの育児休業申出があったときは、当該育児休業申出を拒むことができない。ただし、当該事業主と当該労働者が雇用される事業所の労働者の過半数で組織する労働組合があるときはその労働組合、その事業所の労働者の過半数で組織する労働組合がないときはその労働者の過半数を代表する者との書面による協定で、次に掲げる労働者のうち育児休業をすることができないものとして定められた労働者に該当する労働者からの育児休業申出があった場合は、この限りでない。

　　一　　当該事業主に引き続き雇用された期間が一年に満たない労働者。

　　二　　前号に掲げるもののほか、育児休業をすることができないこととすることについて合理的な理由があると認められる労働者として厚生労働省令で定めるもの。

②前項ただし書の場合において、事業主にその育児休業申出を拒まれた労働者は、前条第一項、第三項及び第四項の規定にかかわらず、育児休業をすることができない。

③事業主は、労働者からの育児休業申出があった場合において、当該育児休業申出に係る育児休業開始予定日とされた日が当該育児休業申出があった日の翌日から起算して一月（前条第三項又は第四項の規定による申出にあっては二週間）を経過する日（以下この項において「一月等経過日」という）前の日であるときは、厚生労働省令で定めるところにより、当該育児休業開始予定日とされた日から当該一月等経過日（当該育児休業申出があった日までに、出産予定日前に子が出生したことその他の厚生労働省令で定める事由が生じた場合にあっては、当該一月等経過日前の日で厚生労働省令で定める日）までの間のいずれかの日を当該育児休業開始予定日として指定することができる。

④第一項ただし書及び前項の規定は、労働者が前条第七項に規定する育児休業申出をする場合には、これを適用しない。

介護休業

サビヲ

Q 5-3

介護休業ってどういう制度?

A 5-3

小雪

要介護状態にある家族の介護などのために、対象家族一人につき93日まで休業できる制度だよ。この期間は使用者に対する労務提供義務が消滅するから、解雇されることはないよ。介護休業とは別に、時間単位で介護のための休暇を取得できる「介護休暇」という制度もあるよ。これは一人につき1年で最大5日分だよ。性別に関係なく使える制度だよ。

参照条文

■ **育児・介護休業法**(育児休業、介護休業等育児又は家族介護を行う労働者の福祉に関する法律)**第11条**(介護休業の申出)

①労働者は、その事業主に申し出ることにより、介護休業をすることができる。ただし、期間を定めて雇用される者にあっては、次の各号のいずれにも該当するものに限り、当該申出をすることができる。

一　当該事業主に引き続き雇用された期間が一年以上である者。

二　第三項に規定する介護休業開始予定日から起算して九十三日を経過する日から六月を経過する日までに、その労働契約(労働契約が更新される場合にあっては、更新後のもの)が満了することが明らかでない者。

②前項の規定にかかわらず、介護休業をしたことがある労働者は、当該介護休業に係る対象家族が次の各号のいずれかに該当する場合には、当該対象家族については、同項の規定

による申出をすることができない。

　　一　当該対象家族について三回の介護休業をした場合。

　　二　当該対象家族について介護休業をした日数（介護休業を開始した日から介護休業を終了した日までの日数とし、二回以上の介護休業をした場合にあっては、介護休業ごとに、当該介護休業を開始した日から当該介護休業を終了した日までの日数を合算して得た日数とする。第十五条第一項において「介護休業日数」という）が九十三日に達している場合。

③第一項の規定による申出（以下「介護休業申出」という）は、厚生労働省令で定めるところにより、介護休業申出に係る対象家族が要介護状態にあることを明らかにし、かつ、その期間中は当該対象家族に係る介護休業をすることとする一の期間について、その初日（以下「介護休業開始予定日」という）及び末日（以下「介護休業終了予定日」という）とする日を明らかにして、しなければならない。

④第一項ただし書及び第二項（第二号を除く）の規定は、期間を定めて雇用される者であって、その締結する労働契約の期間の末日を介護休業終了予定日（第十三条において準用する第七条第三項の規定により当該介護休業終了予定日が変更された場合にあっては、その変更後の介護休業終了予定日とされた日）とする介護休業をしているものが、当該介護休業に係る対象家族について、当該労働契約の更新に伴い、当該更新後の労働契約の期間の初日を介護休業開始予定日とする介護休業申出をする場合には、これを適用しない。

■ 育児・介護休業法（育児休業、介護休業等育児又は家族介護を行う労働者の福祉に関する法律）第12条（介護休業申出があった場合における事業主の義務等）

①事業主は、労働者からの介護休業申出があったときは、当該介護休業申出を拒むことができない。

②第六条第一項ただし書及び第二項の規定は、労働者からの介護休業申出があった場合について準用する。この場合において、同項中「前項ただし書」とあるのは「第十二条第二項において準用する前項ただし書」と、「前条第一項及び第三項」とあるのは「第十一条第一項」と読み替えるものとする。

③事業主は、労働者からの介護休業申出があった場合において、当該介護休業申出に係る介護休業開始予定日とされた日が当該介護休業申出があった日の翌日から起算して二週間を経過する日（以下この項において「二週間経過日」という）前の日であるときは、厚生労働省令で定めるところにより、当該介護休業開始予定日とされた日から当該二週間経過日までの間のいずれかの日を当該介護休業開始予定日として指定することができる。

④前二項の規定は、労働者が前条第四項に規定する介護休業申出をする場合には、これを適用しない。

■ 育児・介護休業法（育児休業、介護休業等育児又は家族介護を行う労働者の福祉に関する法律）第16条の5（介護休暇の申出）

①要介護状態にある対象家族の介護その他の厚生労働省令で定める世話を行う労働者は、その事業主に申し出ることにより、一の年度において五労働日（要介護状態にある対象家族が二人以上の場合にあっては、十労働日）を限度として、当該世話を行うための休暇（以下「介護休暇」という）を取得することができる。

②介護休暇は、一日の所定労働時間が短い労働者として厚生労働省令で定めるもの以外の

者は、厚生労働省令で定めるところにより、厚生労働省令で定める一日未満の単位で取得することができる。

③第一項の規定による申出は、厚生労働省令で定めるところにより、当該申出に係る対象家族が要介護状態にあること及び介護休暇を取得する日（前項の厚生労働省令で定める一日未満の単位で取得するときは介護休暇の開始及び終了の日時）を明らかにして、しなければならない。

④第一項の年度は、事業主が別段の定めをする場合を除き、四月一日に始まり、翌年三月三十一日に終わるものとする。

■ **育児・介護休業法**（育児休業、介護休業等育児又は家族介護を行う労働者の福祉に関する法律）**第16条の6**（介護休暇の申出があった場合における事業主の義務等）

①事業主は、労働者からの前条第一項の規定による申出があったときは、当該申出を拒むことができない。

②第六条第一項ただし書及び第二項の規定は、労働者からの前条第一項の規定による申出があった場合について準用する。この場合において、第六条第一項第一号中「一年」とあるのは「六月」と、同項第二号中「定めるもの」とあるのは「定めるもの又は業務の性質若しくは業務の実施体制に照らして、第十六条の五第二項の厚生労働省令で定める一日未満の単位で介護休暇を取得することが困難と認められる業務に従事する労働者（同項の規定による厚生労働省令で定める一日未満の単位で取得しようとする者に限る）」と、同条第二項中「前項ただし書」とあるのは「第十六条の六第二項において準用する前項ただし書」と、「前条第一項及び第三項」とあるのは「第十六条の五第一項」と読み替えるものとする。

時短勤務

サビヲ

Q 5-4
子育てや親の介護のために、時短勤務に
してもらうことはできるのかな。

A 5-4
できるよ。3歳未満の子どもを育ててい
る労働者または要介護状態にある対
象家族の介護を行う労働者は、勤務
時間の短縮などの措置を申し出ること
ができ、使用者はこの申し出を拒むこ
とができないよ。

小雪

第5章

有給休暇、育児休業、介護休業

参照条文

■ **育児・介護休業法**（育児休業、介護休業等育児又は家族介護を行う労働者の福祉に関する法律）**第23
条**
①事業主は、その雇用する労働者のうち、その三歳に満たない子を養育する労働者であっ
て育児休業をしていないもの（一日の所定労働時間が短い労働者として厚生労働省令で定めるもの
を除く）に関して、厚生労働省令で定めるところにより、労働者の申出に基づき所定労働
時間を短縮することにより当該労働者が就業しつつ当該子を養育することを容易にするた
めの措置（以下この条及び第二十四条第一項第三号において「育児のための所定労働時間の短縮措置」
という）を講じなければならない。ただし、当該事業主と当該労働者が雇用される事業所
の労働者の過半数で組織する労働組合があるときはその労働組合、その事業所の労働者の
過半数で組織する労働組合がないときはその労働者の過半数を代表する者との書面による
協定で、次に掲げる労働者のうち育児のための所定労働時間の短縮措置を講じないものと
して定められた労働者に該当する労働者については、この限りでない。
　　一　　当該事業主に引き続き雇用された期間が一年に満たない労働者。
　　二　　前号に掲げるもののほか、育児のための所定労働時間の短縮措置を講じないこと
　　　　　とすることについて合理的な理由があると認められる労働者として厚生労働省令
　　　　　で定めるもの。

三　　前二号に掲げるもののほか、業務の性質又は業務の実施体制に照らして、育児の
　　　　ための所定労働時間の短縮措置を講ずることが困難と認められる業務に従事する
　　　　労働者。

②事業主は、その雇用する労働者のうち、前項ただし書の規定により同項第三号に掲げる
労働者であってその三歳に満たない子を養育するものについて育児のための所定労働時間
の短縮措置を講じないこととするときは、当該労働者に関して、厚生労働省令で定めると
ころにより、労働者の申出に基づく育児休業に関する制度に準ずる措置又は労働基準法第
三十二条の三第一項の規定により労働させることその他の当該労働者が就業しつつ当該子
を養育することを容易にするための措置（第二十四条第一項において「始業時刻変更等の措置」
という）を講じなければならない。

③事業主は、その雇用する労働者のうち、その要介護状態にある対象家族を介護する労働
者であって介護休業をしていないものに関して、厚生労働省令で定めるところにより、労
働者の申出に基づく連続する三年の期間以上の期間における所定労働時間の短縮その他の
当該労働者が就業しつつその要介護状態にある対象家族を介護することを容易にするため
の措置（以下この条及び第二十四条第二項において「介護のための所定労働時間の短縮等の措置」とい
う）を講じなければならない。ただし、当該事業主と当該労働者が雇用される事業所の労
働者の過半数で組織する労働組合があるときはその労働組合、その事業所の労働者の過半
数で組織する労働組合がないときはその労働者の過半数を代表する者との書面による協定
で、次に掲げる労働者のうち介護のための所定労働時間の短縮等の措置を講じないものと
して定められた労働者に該当する労働者については、この限りでない。

　　一　　当該事業主に引き続き雇用された期間が一年に満たない労働者。
　　二　　前号に掲げるもののほか、介護のための所定労働時間の短縮等の措置を講じない
　　　　こととすることについて合理的な理由があると認められる労働者として厚生労働
　　　　省令で定めるもの。

④前項本文の期間は、当該労働者が介護のための所定労働時間の短縮等の措置の利用を開
始する日として当該労働者が申し出た日から起算する。

残業、深夜労働の拒否

サビヲ

Q 5-5

子育てや親の介護のために、残業や深夜労働を拒むことはできるのかな。

小雪

A 5-5

できるよ。3歳未満の子どもを育てている労働者は残業（所定労働時間外労働）の免除を申し出ることができ、使用者はこれを拒めないよ。また、小学校就学前の子どもを育てている労働者または要介護状態にある対象家族の介護を行う労働者が申し出た場合、使用者は、1か月24時間、1年150時間を超える時間外労働または深夜労働（午後10時から翌朝5時まで）をさせることはできない。これらの制度は男性女性関係なく使えるよ。

参照条文

- **育児・介護休業法**（育児休業、介護休業等育児又は家族介護を行う労働者の福祉に関する法律）**第16条の8**
①事業主は、三歳に満たない子を養育する労働者であって、当該事業主と当該労働者が雇用される事業所の労働者の過半数で組織する労働組合があるときはその労働組合、その事業所の労働者の過半数で組織する労働組合がないときはその労働者の過半数を代表する者との書面による協定で、次に掲げる労働者のうちこの項本文の規定による請求をできないものとして定められた労働者に該当しない労働者が当該子を養育するために請求した場合においては、所定労働時間を超えて労働させてはならない。ただし、事業の正常な運営を妨げる場合は、この限りでない。

一　当該事業主に引き続き雇用された期間が一年に満たない労働者。

　二　前号に掲げるもののほか、当該請求をできないこととすることについて合理的な
　　　理由があると認められる労働者として厚生労働省令で定めるもの。

②前項の規定による請求は、厚生労働省令で定めるところにより、その期間中は所定労働
時間を超えて労働させてはならないこととなる一の期間（一月以上一年以内の期間に限る。第
四項において「制限期間」という）について、その初日（以下この条において「制限開始予定日」と
いう）及び末日（第四項において「制限終了予定日」という）とする日を明らかにして、制限開
始予定日の一月前までにしなければならない。この場合において、この項前段に規定する
制限期間については、第十七条第二項前段（第十八条第一項において準用する場合を含む）に規
定する制限期間と重複しないようにしなければならない。

③第一項の規定による請求がされた後制限開始予定日とされた日の前日までに、子の死亡
その他の労働者が当該請求に係る子の養育をしないこととなった事由として厚生労働省令
で定める事由が生じたときは、当該請求は、されなかったものとみなす。この場合におい
て、労働者は、その事業主に対して、当該事由が生じた旨を遅滞なく通知しなければなら
ない。

④次の各号に掲げるいずれかの事情が生じた場合には、制限期間は、当該事情が生じた日
（第三号に掲げる事情が生じた場合にあっては、その前日）に終了する。

　一　制限終了予定日とされた日の前日までに、子の死亡その他の労働者が第一項の規
　　　定による請求に係る子を養育しないこととなった事由として厚生労働省令で定め
　　　る事由が生じたこと。

　二　制限終了予定日とされた日の前日までに、第一項の規定による請求に係る子が三
　　　歳に達したこと。

　三　制限終了予定日とされた日までに、第一項の規定による請求をした労働者につい
　　　て、労働基準法第六十五条第一項若しくは第二項の規定により休業する期間、育
　　　児休業期間又は介護休業期間が始まったこと。

⑤第三項後段の規定は、前項第一号の厚生労働省令で定める事由が生じた場合について準
用する。

■ **育児・介護休業法（育児休業、介護休業等育児又は家族介護を行う労働者の福祉に関する法律）第16
条の9**

①前条第一項から第三項まで及び第四項（第二号を除く）の規定は、要介護状態にある対象
家族を介護する労働者について準用する。この場合において、同条第一項中「当該子を養
育する」とあるのは「当該対象家族を介護する」と、同条第三項及び第四項第一号中「子」
とあるのは「対象家族」と、「養育」とあるのは「介護」と読み替えるものとする。

②前条第三項後段の規定は、前項において準用する同条第四項第一号の厚生労働省令で定
める事由が生じた場合について準用する。

■ **育児・介護休業法（育児休業、介護休業等育児又は家族介護を行う労働者の福祉に関する法律）第17
条**

①事業主は、労働基準法第三十六条第一項の規定により同項に規定する労働時間（以下こ
の条において単に「労働時間」という）を延長することができる場合において、小学校就学の

始期に達するまでの子を養育する労働者であって次の各号のいずれにも該当しないものが当該子を養育するために請求したときは、制限時間（一月について二十四時間、一年について百五十時間をいう。次項及び第十八条の二において同じ）を超えて労働時間を延長してはならない。ただし、事業の正常な運営を妨げる場合は、この限りでない。

  一　当該事業主に引き続き雇用された期間が一年に満たない労働者。

  二　前号に掲げるもののほか、当該請求をできないこととすることについて合理的な理由があると認められる労働者として厚生労働省令で定めるもの。

②前項の規定による請求は、厚生労働省令で定めるところにより、その期間中は制限時間を超えて労働時間を延長してはならないこととなる一の期間（一月以上一年以内の期間に限る。第四項において「制限期間」という）について、その初日（以下この条において「制限開始予定日」という）及び末日（第四項において「制限終了予定日」という）とする日を明らかにして、制限開始予定日の一月前までにしなければならない。この場合において、この項前段に規定する制限期間については、第十六条の八第二項前段（第十六条の九第一項において準用する場合を含む）に規定する制限期間と重複しないようにしなければならない。

③第一項の規定による請求がされた後制限開始予定日とされた日の前日までに、子の死亡その他の労働者が当該請求に係る子の養育をしないこととなった事由として厚生労働省令で定める事由が生じたときは、当該請求は、されなかったものとみなす。この場合において、労働者は、その事業主に対して、当該事由が生じた旨を遅滞なく通知しなければならない。

④次の各号に掲げるいずれかの事情が生じた場合には、制限期間は、当該事情が生じた日（第三号に掲げる事情が生じた場合にあっては、その前日）に終了する。

  一　制限終了予定日とされた日の前日までに、子の死亡その他の労働者が第一項の規定による請求に係る子を養育しないこととなった事由として厚生労働省令で定める事由が生じたこと。

  二　制限終了予定日とされた日の前日までに、第一項の規定による請求に係る子が小学校就学の始期に達したこと。

  三　制限終了予定日とされた日までに、第一項の規定による請求をした労働者について、労働基準法第六十五条第一項若しくは第二項の規定により休業する期間、育児休業期間又は介護休業期間が始まったこと。

⑤第三項後段の規定は、前項第一号の厚生労働省令で定める事由が生じた場合について準用する。

- **育児・介護休業法**（育児休業、介護休業等育児又は家族介護を行う労働者の福祉に関する法律）**第18条**

①前条第一項、第二項、第三項及び第四項（第二号を除く）の規定は、要介護状態にある対象家族を介護する労働者について準用する。この場合において、同条第一項中「当該子を養育する」とあるのは「当該対象家族を介護する」と、同条第三項及び第四項第一号中「子」とあるのは「対象家族」と、「養育」とあるのは「介護」と読み替えるものとする。

②前条第三項後段の規定は、前項において準用する同条第四項第一号の厚生労働省令で定める事由が生じた場合について準用する。

第 **6** 章

ハラスメント

ここに集まったのは全員あなたのハラスメントの被害者です

パワハラセクハラ
アルハラマタハラ
セカハラカラハラ
スモハラソーハラ
……………

©『ブラックジャックによろしく』佐藤秀峰

パワハラ

サビヲ

Q 6-1
会社の上司が「お前はアタマがおかしい」「こんなこともわからないなら、小学生からやり直せ」といった暴言を日常的に吐いてくるし、酷いときは1時間以上も怒鳴り続けるよ。

A 6-1
それはパワハラだね。なお、パワハラの定義は「同じ職場で働く者に対して、職務上の地位や人間関係などの職場内での優位性を背景に、業務の適正な範囲を超えて、精神的・身体的苦痛を与える、または職場環境を悪化させる行為」だよ。あとで法的手段を取れるように、録音するとかやられたことをメモしておくとか、とにかく証拠を残しておくべきだよ。

小雪

職場におけるパワーハラスメントは多様ですが、代表的なものとしては以下の6つの類型があります。

① **身体的な攻撃**　殴打、足蹴り、物を投げつけるなど。
② **精神的な攻撃**　人格を否定するような言動、他の労働者の前で大声の威圧的な叱責など。
③ **人間関係からの切り離し**　仕事から外したり、別室に隔離したりするなど。
④ **過大な要求**　新卒採用者に対して、必要な教育を行わないまま到底対応できないレベルの業績目標を課し、達成できなかったことに対して厳しく叱責するなど。
⑤ **過小な要求**　退職に追い込む目的で管理職である労働者に対して誰でも遂行可能な業務を行わせるなど。
⑥ **個の侵害**　労働者の性的指向・性自認や病歴、不妊治療などの個人情報について、当該労働者の了解を得ずに他の労働者に暴露するなど。

　以上は例示ですので、これらに該当しないものであっても、パワーハラスメントに該当する場合もあります。
　パワーハラスメントが違法か否かの判断について、裁判所は、**叱責の内容及び叱責した場所**（「富国生命保険事件」鳥取地方裁判所米子支部・平成21〈2009〉年10月21日）、**指導の回数**（「アークレイファクトリー事件」大阪高等裁判所・平成25〈2013〉年10月9日）、**被害者の属性**、**心身の状況**（「ファーストリテイリング事件」名古屋高等裁判所・平成20〈2008〉年1月29日）などを考慮しています。

資格ハラスメント

サビヲ

Q 6-2
会社から「資格を取れ！ 取れなければ辞めろ！」と言われているよ。資格が取れなきゃ辞めないといけないのかな。

小雪

A 6-2
辞める必要はないよ。無理な資格の取得を指示し、取れないときに退職を迫るのはパワハラに該当する可能性があるよ。
あとで法的手段を取れるように、録音するとか、やられたことをメモしておくとか、とにかく証拠を残しておくべきだよ。

2020年6月に改正された労働施策総合推進法（労働施策の総合的な推進並びに労働者の雇用の安定及び職業生活の充実等に関する法律）第30条の2第1項は、パワーハラスメントを防止するために、「労働者からの相談に応じ、適切に対応するために必要な体制の整備その他雇用管理上必要な措置を講じなければならない」と規定しています。この「適切に対応するために必要な体制の整備その他雇用管理上必要な措置」とは、相談窓口の設置、同窓口の担当者が相談内容や状況に応じて適切に対応できるように指導すること、パワーハラスメント発生時に事実関係の迅速な把握や適切な対応をすることが含まれています。

したがって、企業は、パワーハラスメントの相談があった場合には、相談者及び行為者の双方から事実関係を確認して、ハラスメントが生じた事実が確認できた場合には、被害者と行為者を引き離すための配置転換や被害者の労働条件の不利益の回復などの措置を取らなければなりません。

　また、事業主は、行為者に対して、就業規則等における職場におけるハラスメントに関する規定などに基づいた懲戒などの処分をします。

参照条文

- **労働施策総合推進法（労働施策の総合的な推進並びに労働者の雇用の安定及び職業生活の充実等に関する法律）第30条の2**
①事業主は、職場において行われる優越的な関係を背景とした言動であって、業務上必要かつ相当な範囲を超えたものによりその雇用する労働者の就業環境が害されることのないよう、当該労働者からの相談に応じ、適切に対応するために必要な体制の整備その他の雇用管理上必要な措置を講じなければならない。
②事業主は、労働者が前項の相談を行ったこと又は事業主による当該相談への対応に協力した際に事実を述べたことを理由として、当該労働者に対して解雇その他不利益な取扱いをしてはならない。
③厚生労働大臣は、前二項の規定に基づき事業主が講ずべき措置等に関して、その適切かつ有効な実施を図るために必要な指針（以下この条において「指針」という）を定めるものとする。
④厚生労働大臣は、指針を定めるに当たっては、あらかじめ、労働政策審議会の意見を聴くものとする。
⑤厚生労働大臣は、指針を定めたときは、遅滞なく、これを公表するものとする。
⑥前二項の規定は、指針の変更について準用する。

第6章

ハラスメント

男女差別禁止の具体的内容

サビヲ

Q 6-3
法律は、働く女性に対するどのような差別を禁止しているの？

A 6-3
賃金、配置、昇進と降格、教育訓練、福利厚生、職種や雇用形態の変更、退職、解雇や雇止めなどについての男女差別を禁止しているよ。

小雪

参照条文

- **男女雇用機会均等法**（雇用の分野における男女の均等な機会及び待遇の確保等に関する法律）**第5条**
  事業主は、労働者の募集及び採用について、その性別にかかわりなく均等な機会を与えなければならない。
- **男女雇用機会均等法第6条**
  事業主は、次に掲げる事項について、労働者の性別を理由として、差別的取扱いをしてはならない。
  - 一　労働者の配置（業務の配分及び権限の付与を含む）、昇進、降格及び教育訓練。
  - 二　住宅資金の貸付けその他これに準ずる福利厚生の措置であって厚生労働省令で定めるもの。
  - 三　労働者の職種及び雇用形態の変更。
  - 四　退職の勧奨、定年及び解雇並びに労働契約の更新。
- **労働基準法第4条**
  使用者は、労働者が女性であることを理由として、賃金について、男性と差別的取扱いをしてはならない。

セクハラ

サビヲ

Q 6-4

セクハラってなに?

A 6-4

小雪

職場で行われる、労働者の意に反する性的な言動のことだよ。上司から性的な要求をされて、それを断ったら部署異動等の仕事上の不利益を受ける場合(対価型セクハラ)や、職場にヌードポスターが貼られていたり、性的な噂を流されたりする場合(環境型セクハラ)があるよ。録音やメモなど、証拠を残しておくことが大切だよ。

　男女雇用機会均等法第11条は、「事業主は、職場において行われる性的な言動に対するその雇用する労働者の対応により当該労働者がその労働条件につき不利益を受け、または当該性的な言動により当該労働者の就業環境が害されることのないよう、当該労働者からの相談に応じ、適切に対応するために必要な体制の整備その他の雇用管理上必要な措置を講じなければならない」と規定しています。

　したがって、セクシュアルハラスメントについても**パワーハラスメント同様に相談窓口の設置、その周知、セクシュアルハラスメント発生後の迅速かつ適切な対応が事業主の義務**とされています。

© 『ブラックジャックによろしく』佐藤秀峰

マタハラ

サビヲ

Q 6-5

妊娠したことを上司に報告したら「おめでたいことだけど、うちでは産休は認めてないから」と言われたよ。辞めなきゃいけないのかな。

小雪

A 6-5

辞める必要はないよ。あなたの上司がやったことは、妊娠・出産を理由に仕事を続けにくくさせる「マタニティハラスメント」に該当するよ。法律では、出産予定日前の6週間（双子等なら14週間）と、産後8週間の産休を認めているよ。どんな会社でもこの産前・産後の休暇を認めなければならないよ。

また、つわりがひどくて医師から仕事を休むように指導された場合は、そのことを会社に告げて仕事を休むことも法律上認められているよ（つわり休暇）。休暇の他、短時間の勤務やラッシュアワーを避けるなどの通勤時間の変更、仕事内容の変更なども可能だよ。

また、医師の指導がなくても、1日8時間、1週40時間を超える残業、休日労働、深夜労働から免除してもらうこともできるよ。

第6章

ハラスメント

あとは、産休中とその後30日間は何が
あっても解雇できないことになっている
よ。産休を取ったことを理由とする解雇
もできないよ。

❶ 解雇などの制限

　労働基準法は、**産前産後の休業期間及びその後の30日間は、使用者
がその女性労働者を解雇することを禁止しています**（労働基準法第19条
第1項）。また、**妊娠、出産、育児休業などを取ったことなどを理由とし
て、労働者を解雇その他不利益な取り扱いをしてはならないとも規定
しています**（男女雇用機会均等法第9条第3項、育児・介護休業法第10条）。そ
して、**妊娠中及び産後1年を経過しない女性労働者の解雇は、事業主が
他の正当な理由を証明しない限り無効とされます**（男女雇用機会均等法第
9条第4項）。

❷ つわり休暇について

　事業主は、雇用する女性労働者が母子保健法の規定による保健指導
または健康診査を受けるために必要な時間を確保することができるよ
うにする義務があり（男女雇用機会均等法第12条）、女性労働者がこの保健
指導に基づく指導事項を守れるようにするために、勤務時間の変更、勤
務の軽減等必要な措置を講じなければなりません（同法第13条）。

　この措置としては、時差通勤、休憩時間の延長、つわりなどを理由
とする休業などがあります。**新型コロナウイルス感染症の蔓延を受け
て、新型コロナウイルス感染症に感染するおそれに関する心理的なス
トレスが母体や胎児に影響がある場合にも出勤の制限などの措置を取
ることとなりました。**

事業主が母性健康管理の措置を適切に講ずることができるように、女性労働者に対して出された医師などの指導事項を的確に事業主に伝えるための「母性健康管理指導事項連絡カード」があります。

参照条文

- **労働基準法第19条**
  ①使用者は、労働者が業務上負傷し、又は疾病にかかり療養のために休業する期間及びその後三十日間並びに産前産後の女性が第六十五条の規定によって休業する期間及びその後三十日間は、解雇してはならない。ただし、使用者が、第八十一条の規定によって打切補償を支払う場合又は天災事変その他やむを得ない事由のために事業の継続が不可能となった場合においては、この限りでない。
  ②前項但書後段の場合においては、その事由について行政官庁の認定を受けなければならない。
- **男女雇用機会均等法**（雇用の分野における男女の均等な機会及び待遇の確保等に関する法律）**第9条**
  ①事業主は、女性労働者が婚姻し、妊娠し、又は出産したことを退職理由として予定する定めをしてはならない。
  ②事業主は、女性労働者が婚姻したことを理由として、解雇してはならない。
  ③事業主は、その雇用する女性労働者が妊娠したこと、出産したこと、労働基準法（昭和二十二年法律第四十九号）第六十五条第一項の規定による休業を請求し、又は同条若しくは同条第二項の規定による休業をしたことその他の妊娠又は出産に関する事由であって厚生労働省令で定めるものを理由として、当該女性労働者に対して解雇その他不利益な取扱いをしてはならない。
  ④妊娠中の女性労働者及び出産後一年を経過しない女性労働者に対してなされた解雇は、無効とする。ただし、事業主が当該解雇が前項に規定する事由を理由とする解雇でないことを証明したときは、この限りでない。
- **男女雇用機会均等法第12条**
  事業主は、厚生労働省令で定めるところにより、その雇用する女性労働者が母子保健法（昭和四十年法律第百四十一号）の規定による保健指導又は健康診査を受けるために必要な時間を確保することができるようにしなければならない。
- **男女雇用機会均等法第13条**
  ①事業主は、その雇用する女性労働者が前条の保健指導又は健康診査に基づく指導事項を守ることができるようにするため、勤務時間の変更、勤務の軽減等必要な措置を講じなければならない。
  ②厚生労働大臣は、前項の規定に基づき事業主が講ずべき措置に関して、その適切かつ有効な実施を図るために必要な指針（次項において「指針」という）を定めるものとする。
  ③第四条第四項及び第五項の規定は、指針の策定及び変更について準用する。この場合において、同条第四項中「聴くほか、都道府県知事の意見を求める」とあるのは、「聴く」

と読み替えるものとする。

- **育児・介護休業法**（育児休業、介護休業等育児又は家族介護を行う労働者の福祉に関する法律）**第10条**
  事業主は、労働者が育児休業申出をし、又は育児休業をしたことを理由として、当該労働者に対して解雇その他不利益な取扱いをしてはならない。

内部告発

サビヲ

Q 6-6
会社の不正行為について内部告発しようと思っているんだけど、あとで会社から処分されるのかな。

A 6-6
誠実な内部告発は、正当な行為だから、それを理由とする懲戒は懲戒権の濫用に当たって無効になるよ。あなたの内部告発が国民の生命、身体、財産その他の利益にかかわるものなら、公益通報者保護法により、内部告発をしたことを理由とする解雇は無効になるし、その他の不利益な取り扱いも禁止されるよ。

小雪

©『ブラックジャックによろしく』佐藤秀峰

　パワハラ・セクハラ等、様々なハラスメントを立証するにあたり、有力な証拠になるのが録音です。これについて、就業規則等で録音機器の持ち込みを禁止している会社もありますが、**それを無視して録音しても違法ではありません。どんどん録音しましょう。**

■ 公益通報者保護法第2条（定義）

①この法律において「公益通報」とは、労働者（労働基準法〈昭和二十二年法律第四十九号〉第九条に規定する労働者をいう。以下同じ）が、不正の利益を得る目的、他人に損害を加える目的その他の不正の目的でなく、その労務提供先（次のいずれかに掲げる事業者〈法人その他の団体及び事業を行う個人をいう。以下同じ〉をいう。以下同じ）又は当該労務提供先の事業に従事する場合におけるその役員、従業員、代理人その他の者について通報対象事実が生じ、又はまさに生じようとしている旨を、当該労務提供先若しくは当該労務提供先があらかじめ定めた者（以下「労務提供先等」という）、当該通報対象事実について処分（命令、取消しその他公権力の行使に当たる行為をいう。以下同じ）若しくは勧告等（勧告その他処分に当たらない行為をいう。以下同じ）をする権限を有する行政機関又はその者に対し当該通報対象事実を通報することがその発生若しくはこれによる被害の拡大を防止するために必要であると認められる者（当該通報対象事実により被害を受け又は受けるおそれがある者を含み、当該労務提供先の競争上の地位その他正当な利益を害するおそれがある者を除く。次条第三号において同じ）に通報することをいう。

　　一　当該労働者を自ら使用する事業者（次号に掲げる事業者を除く）。
　　二　当該労働者が派遣労働者（労働者派遣事業の適正な運営の確保及び派遣労働者の保護等に関する法律〈昭和六十年法律第八十八号。第四条において「労働者派遣法」という〉第二条第二号に規定する派遣労働者をいう。以下同じ）である場合において、当該派遣労働者に係る労働者派遣（同条第一号に規定する労働者派遣をいう。第五条第二項において同じ）の役務の提供を受ける事業者。
　　三　前二号に掲げる事業者が他の事業者との請負契約その他の契約に基づいて事業を行う場合において、当該労働者が当該事業に従事するときにおける当該他の事業者。

②この法律において「公益通報者」とは、公益通報をした労働者をいう。

③この法律において「通報対象事実」とは、次のいずれかの事実をいう。

　　一　個人の生命又は身体の保護、消費者の利益の擁護、環境の保全、公正な競争の確保その他の国民の生命、身体、財産その他の利益の保護にかかわる法律として別表に掲げるもの（これらの法律に基づく命令を含む。次号において同じ）に規定する罪の犯罪行為の事実。
　　二　別表に掲げる法律の規定に基づく処分に違反することが前号に掲げる事実となる場合における当該処分の理由とされている事実（当該処分の理由とされている事実が同表に掲げる法律の規定に基づく他の処分に違反し、又は勧告等に従わない事実である場合における当該他の処分又は勧告等の理由とされている事実を含む）。

④この法律において「行政機関」とは、次に掲げる機関をいう。

　　一　内閣府、宮内庁、内閣府設置法（平成十一年法律第八十九号）第四十九条第一項若しくは第二項に規定する機関、国家行政組織法（昭和二十三年法律第百二十号）第三条第二項に規定する機関、法律の規定に基づき内閣の所轄の下に置かれる機関若しくはこれらに置かれる機関又はこれらの機関の職員であって法律上独立に権限を

行使することを認められた職員。

二　　地方公共団体の機関（議会を除く）。

▪ **公益通報者保護法第3条**（解雇の無効）

公益通報者が次の各号に掲げる場合においてそれぞれ当該各号に定める公益通報をしたことを理由として前条第一項第一号に掲げる事業者が行った解雇は、無効とする。

一　　通報対象事実が生じ、又はまさに生じようとしていると思料する場合　当該労務提供先等に対する公益通報。

二　　通報対象事実が生じ、又はまさに生じようとしていると信ずるに足りる相当の理由がある場合　当該通報対象事実について処分又は勧告等をする権限を有する行政機関に対する公益通報。

三　　通報対象事実が生じ、又はまさに生じようとしていると信ずるに足りる相当の理由があり、かつ、次のいずれかに該当する場合　その者に対し当該通報対象事実を通報することがその発生又はこれによる被害の拡大を防止するために必要であると認められる者に対する公益通報。

イ　　前二号に定める公益通報をすれば解雇その他不利益な取扱いを受けると信ずるに足りる相当の理由がある場合。

ロ　　第一号に定める公益通報をすれば当該通報対象事実に係る証拠が隠滅され、偽造され、又は変造されるおそれがあると信ずるに足りる相当の理由がある場合。

ハ　　労務提供先から前二号に定める公益通報をしないことを正当な理由がなくて要求された場合。

ニ　　書面（電子的方式、磁気的方式その他人の知覚によっては認識することができない方式で作られる記録を含む。第九条において同じ）により第一号に定める公益通報をした日から二十日を経過しても、当該通報対象事実について、当該労務提供先等から調査を行う旨の通知がない場合又は当該労務提供先等が正当な理由がなくて調査を行わない場合。

ホ　　個人の生命又は身体に危害が発生し、又は発生する急迫した危険があると信ずるに足りる相当の理由がある場合。

▪ **公益通報者保護法第4条**（労働者派遣契約の解除の無効）

第二条第一項第二号に掲げる事業者の指揮命令の下に労働する派遣労働者である公益通報者が前条各号に定める公益通報をしたことを理由として同項第二号に掲げる事業者が行った労働者派遣契約（労働者派遣法第二十六条第一項に規定する労働者派遣契約をいう）の解除は、無効とする。

▪ **公益通報者保護法第5条**（不利益取扱いの禁止）

①第三条に規定するもののほか、第二条第一項第一号に掲げる事業者は、その使用し、又は使用していた公益通報者が第三条各号に定める公益通報をしたことを理由として、当該公益通報者に対して、降格、減給その他不利益な取扱いをしてはならない。

②前条に規定するもののほか、第二条第一項第二号に掲げる事業者は、その指揮命令の下に労働する派遣労働者である公益通報者が第三条各号に定める公益通報をしたことを理由

として、当該公益通報者に対して、当該公益通報者に係る労働者派遣をする事業者に派遣労働者の交代を求めることその他不利益な取扱いをしてはならない。

社会保険

© 『ブラックジャックによろしく』佐藤秀峰

会社が社会保険加入手続きをしていない場合

サビヲ

Q 7-1

就職した会社では、求人広告に「社会保険完備」と記載していたのに、実際に入ってみたら「うちは社会保険に加入していない」と言われたよ。私は社会保険給付を受けることができないのかな。

A 7-1

会社が社会保険に加入する手続きを取らなくても、被保険者資格の確認手続きをすることで社会保険給付を受けることができるよ。ハローワークや年金事務所に相談してみるといいよ。
会社が手続きを怠ったことが原因で社会保険給付金が減少してしまった場合、会社に減少分について損害賠償を請求することもできるよ。

小雪

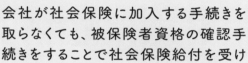

サビヲ

Q 7-2

うちの会社では労災保険に加入させてもらえないんだけど、仕方がないのかな。

A 7-2

会社が労災保険に加入していなくても、あなたは労災保険の給付を受けることができるよ。なお、通勤災害以外の労

小雪

災については、治療のための休職期間と、復帰後30日間は、解雇が禁止されているよ。

❶ 雇用保険

　雇用保険は、労働者が失業した場合に、生活の安定と就職の促進のための失業等給付を行う保険制度です。**事業所の規模にかかわらず、①1週間の所定労働時間が20時間以上で、②31日以上の雇用見込みがある人を雇い入れた場合は、適用対象となります。**

　したがって、労働者は、原則として雇用されると同時に雇用保険の被保険者としての資格を取得し、**事業主が届け出や保険料納付の手続きを怠っている場合でも、雇用保険給付を受けることができます。**

　事業主は、労働者が被保険者となったことを厚生労働大臣に届け出なければなりませんが、事業主がこれを怠っていた場合、労働者の側から、事業所の所在地を管轄する公共職業安定所（ハローワーク）所長に対し、被保険者であったことの確認を請求することができます。

❷ 労災保険（労働者災害補償保険）

　労災保険は、労働者の業務が原因でけが、病気、死亡（業務災害）した場合や、また通勤の途中の事故などの場合（通勤災害）に、国が事業主に代わって給付を行う公的な制度です。

　労働基準法では、労働者が仕事で病気やけがをしたときには、使用者が療養費を負担し、その病気やけがのため労働者が働けないときは、休業補償を行うことを義務づけています。しかし、事業主に余裕がなかったり、大きな事故が起きたりした場合には、迅速な補償ができないかもしれません。そこで、労働災害が起きたときに労働者が確実な

補償を受けられるように、労災保険制度を設けています。

基本的に労働者を一人でも雇用する会社には適用され、保険料は全額事業主が負担します。パートやアルバイトも含むすべての労働者が対象です。保険料の支払いを事業主が怠っていても給付を受けることができます（国は事業主から遡って保険料を徴収します）。

❸ 健康保険、厚生年金保険

健康保険、厚生年金保険は、「①国・地方公共団体または法人の事業所」、あるいは「②一定の業種であり常時5人以上を雇用する個人事業所※」では強制適用となっており、適用事業所で働く労働者は加入者となります（**パート、アルバイトでも、1日または1週間の労働時間および1か月の所定労働日数が、通常の労働者の4分の3以上あれば加入させる必要があります**）。

※ 一定の業種：製造業、土木建築業、鉱業、電気ガス事業、運送業、清掃業、物品販売業、金融保険業、保管賃貸業、媒介周旋業、集金案内広告工業、教育研究調査業、医療保険業、通信法同業など

または発症前
1か月間の時間外
労働がおおむね
100時間超

それが
「過労死ライン」
です

発症前
2か月間
ないし
6か月間の

1月あたり
時間外労働が
おおむね
80時間超

過労死・過労自死の認定基準

サビヲ

Q 7-3

過労死や過労自死は労災認定されるの？

A 7-3

小雪

過労死も過労自死も「仕事が原因で生じた」と認められる場合には、労災認定されるよ。具体的な判断基準は、過労死の場合は「脳・心臓疾患の労災認定基準」、過労自死の場合は「心理的負荷による精神障害の労災認定基準」だよ。残業時間を例にとってみると、病気になる直前1か月の残業時間が100時間を超えていた場合や、病気になる前2〜6か月の平均残業時間が80時間を超えていた場合には、認定される可能性が高いよ。

❶ 脳・心臓疾患の労災認定

　業務による明らかな過重負荷を受けたことにより発症した脳・心臓疾患は、業務上の疾病として労災認定の対象となります。

「業務による明らかな過重負荷」には①異常な出来事、②短期間の過重業務、③長期間の過重業務の3種類があります。いわゆる過労死ラインは、③長期間の過重業務の認定基準です。厚生労働省が公表している判断のフローチャートを引用します。 図7-1

図7-1 脳・心臓疾患の業務起因性の判断のフローチャート

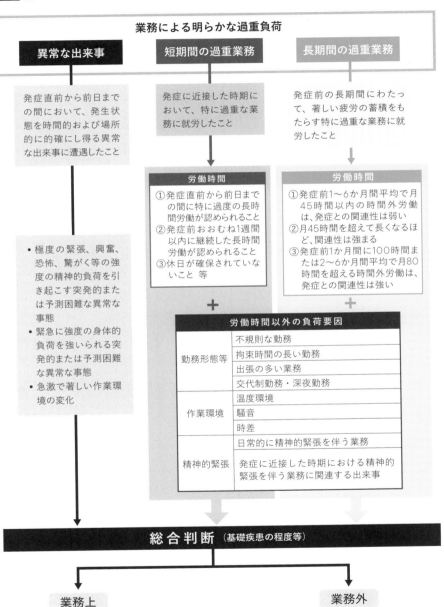

出典：厚生労働省・都道府県労働局・労働基準監督署「脳・心臓疾患の労災認定」

第7章

社会保険

119

❷ 精神障害の労災認定

　精神障害の発病が仕事の強いストレスによるものと判断される場合、労災認定されます。この労災認定の要件は、下記のとおりです。

　① 認定基準の対象となる精神障害（うつ病等）を発病していること。
　② 認定基準の対象となる精神障害の発病前おおむね6か月の間に、業務による強い心理的負荷が認められること。
　③ 業務以外の心理的負荷や個体側要因により発病したとは認められないこと。

　②の判断については、まず「特別な出来事」（業務に関連し、他人を死亡させた、または生死にかかわる重大なケガを負わせた等）に該当する出来事がある場合には、心理的負荷は「強」と判断されます。
　次に、「特別な出来事」に該当する出来事がない場合、パワハラに関連する主な「具体的出来事」とその心理的負荷の平均強度とされるものを当てはめます。
　厚生労働省が公表している精神障害の労災認定フローチャートを引用します。 図7-2

図7-2 精神障害の労災認定フローチャート

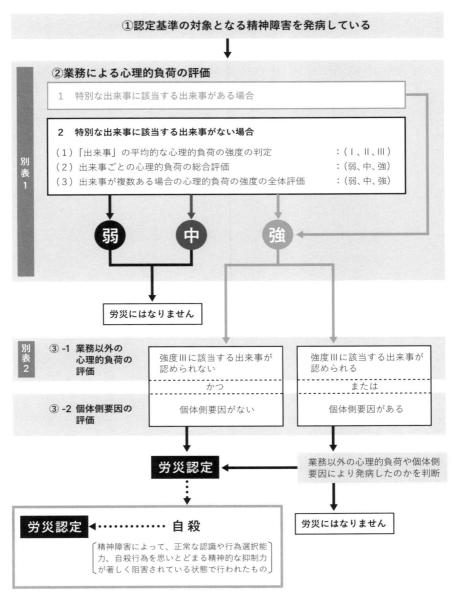

出典：厚生労働省・都道府県労働局・労働基準監督署「精神障害の労災認定」

第 **8** 章

解雇・退職等

© 『ブラックジャックによろしく』佐藤秀峰

解雇と退職勧奨の違い

サビヲ

Q 8-1

解雇と退職勧奨って、なにが違うの?

A 8-1

小雪

解雇は会社が一方的に労働者のクビを切ることだよ。これに対して退職勧奨は、あくまで「会社を辞めてくれないか」という「お願い」だよ。お願いに過ぎないから、労働者に応じる義務はないよ。退職勧奨は「わかりました、辞めます」という労働者の意思表示があって初めて退職の効果が生じるよ。退職勧奨が強引なものになると「退職強要」と呼ばれるよ。退職強要は違法だし、慰謝料も発生するよ。

　退職勧奨については、裁判例でも「被勧奨者は何らの拘束なしに自由に意思決定をなしうるのであり、いかなる場合も勧奨行為に応じる義務はない」としたものがあります（「鳥取県教員事件」鳥取地方裁判所・昭和61〈1986〉年12月4日）。

　退職勧奨の手段・方法が社会通念上の相当性を欠く場合は、違法な退職強要となり、それ自体が不法行為と評価され、損害賠償請求の対象になります。損害賠償が認められた例としては、右記の例があります。

- 「下関商業高校事件」最高裁判所・昭和55（1980）年7月10日
- 「エフピコ事件」水戸地方裁判所下妻支部・平成11（1999）年6月15日
- 「鳥屋町職員事件」金沢地方裁判所・平成13（2001）年1月15日
- 「全日本空輸事件」大阪高等裁判所・平成13（2001）年3月14日　等

参照条文

- **労働契約法第16条**

  解雇は、客観的に合理的な理由を欠き、社会通念上相当であると認められない場合は、その権利を濫用したものとして、無効とする。

退職の意思表示の取消しや無効が認められる場合もある

Q 8-2

上司3人に密室で囲まれて、むりやり退職届を書かされたよ。退職するしかないのかな。

A 8-2

小雪

それは民法上の強迫に該当する可能性があるから、退職の意思表示を取消すことが考えられるよ。
その他にも、勘違いや、会社に騙されて退職届を書いてしまった場合、退職の意思表示が無効だったり、退職の意思表示を取消せたりする可能性があるよ。
なお、退職届は労働者が一方的に会社へ退職の意思表示をするものだけど、退職「願」の場合は、退職することについて会社に同意を求めるものだよ。
だから、退職願の場合、会社が同意する前なら撤回できるよ。

退職届の取消しや無効が認められた裁判例としては、次のものがあります。

錯誤（勘違い）

解雇もしくは懲戒解雇事由が存在しないのに、解雇もしくは懲戒解雇になると誤信して行った退職の意思表示を、錯誤に基づくものとして無効とした例として、「ヤマハリビングテック事件」（大阪地方裁判所・平成11〈1999〉年5月26日）、「富士ゼロックス事件」（東京地方裁判所・平成23〈2011〉年3月30日）等。

強迫

長時間にわたる執拗な強要に基づく辞職願の提出が強迫に当たるとした例として、「旭光学工業事件」（東京地方裁判所・昭和42〈1967〉年12月20日）。

参照条文

- **民法第95条**（錯誤）

①意思表示は、次に掲げる錯誤に基づくものであって、その錯誤が法律行為の目的及び取引上の社会通念に照らして重要なものであるときは、取り消すことができる。

　　一　意思表示に対応する意思を欠く錯誤。

　　二　表意者が法律行為の基礎とした事情についてのその認識が真実に反する錯誤。

②前項第二号の規定による意思表示の取消しは、その事情が法律行為の基礎とされていることが表示されていたときに限り、することができる。

③錯誤が表意者の重大な過失によるものであった場合には、次に掲げる場合を除き、第一項の規定による意思表示の取消しをすることができない。

　　一　相手方が表意者に錯誤があることを知り、又は重大な過失によって知らなかったとき。

　　二　相手方が表意者と同一の錯誤に陥っていたとき。

④第一項の規定による意思表示の取消しは、善意でかつ過失がない第三者に対抗することができない。

- **民法第96条**（詐欺又は強迫）

①詐欺又は強迫による意思表示は、取り消すことができる。

②相手方に対する意思表示について第三者が詐欺を行った場合においては、相手方がその事実を知り、又は知ることができたときに限り、その意思表示を取り消すことができる。

③前二項の規定による詐欺による意思表示の取消しは、善意でかつ過失がない第三者に対抗することができない。

退職勧奨拒否に対する報復的懲戒

サビヲ

Q 8-3

会社から退職勧奨を受けたんだけど退職を拒否したら、仕事上の些細なミスを理由に懲戒処分を受けて減給されてしまったよ。身に覚えがないことだから納得いかないよ。弁明の機会すら与えられなかったよ。

A 8-3

小雪

その懲戒処分は、懲戒権を濫用したものとして無効の可能性があるよ。懲戒はまず就業規則に懲戒の種別と懲戒事由を記載しておかないとできないけど、それがあるからと言って何でもできるわけじゃない。最低でも弁明は聞くべきだし、些細なミスで減給するのはやりすぎだよ。
法律上は「客観的に合理的な理由を欠き、社会通念上相当であると認められない場合」は、懲戒権を濫用したとして無効になるとされているよ（労働契約法第15条）。

■ **労働契約法第15条**（懲戒）

使用者が労働者を懲戒することができる場合において、当該懲戒が、当該懲戒に係る労働者の行為の性質及び態様その他の事情に照らして、客観的に合理的な理由を欠き、社会通念上相当であると認められない場合は、その権利を濫用したものとして、当該懲戒は、無効とする。

離職票の記載に気をつけよう

サビヲ

Q 8-4

会社から1か月くらい「退職届を出せ」としつこく言われ続けて、退職届を出したんだけど、「自己都合退職」を理由に退職金は減額されたし、離職証明書や離職票の離職理由にも「労働者の個人的な事情による離職」にチェックを入れられてしまったよ。

小雪

A 8-4

あなたの退職届の提出は会社の求めに応じたものだから、「自己都合退職」とは言えないよ。だから退職金の減額も違法だし、離職証明書や離職票の離職理由も「事業主からの働きかけによるもの」にチェックを入れたものを改めて発行させるべきだよ。

離職票には、離職理由に異議を述べることができる欄があるから、離職理由が異なる場合は、その欄にチェックを入れてハローワークに提出するのがいいよ。

第8章　解雇・退職等

自己の責めに帰すべき重大な理由によって解雇された場合や正当な理由がなく自己の都合によって退職した場合には、失業給付の基本手当の支給開始が3か月遅れてしまいます（雇用保険法第33条第1項）。したがって、**離職証明書や離職票の離職理由はきちんとチェックしましょう。**

　なお、自己都合退職であっても、正当な理由があれば、支給開始に関する3か月の給付制限は適用されません。

※令和2（2020）年10月1日以降に離職した場合、5年間のうち2回までは給付制限期間が2か月になりました。

© 『ブラックジャックによろしく』佐藤秀峰

配転命令権の濫用

サビヲ

Q 8-5

都内勤務だったんだけど、退職勧奨を拒否したら、大阪の営業所への異動を命じられたよ。妻も働いていて、ようやく保育園に入れた1歳8か月の子どももいるので、大阪には転勤できないよ。この命令は拒否できないのかな。

A 8-5

小雪

拒否できる可能性はあるよ。会社が雇用契約書や就業規則に配置転換（配転）ができることを記載していれば、配転命令を出せるけど、どんな場合でも配転命令を出せるわけじゃないよ。その目的が労働者を辞めさせることだったり、労働者に著しい不利益を負わせたりする場合は、配転命令権の濫用として無効になる。

あなたの場合は、著しく不利な立場に追いやって辞めさせることが目的のように見えるから、配転命令が無効になる可能性はあるよ。

配転命令権の濫用と判断された裁判例には、次のようなものがあります。

- 大津から和歌山市内への転勤につき、転勤先での業務が誰にでもできること、転勤後に大津で新人を補充していること等から当該労働者を転勤させる必要性を欠くとして無効とした「フットワークエクスプレス（大津）事件」（大津地方裁判所・平成10〈1998〉年11月17日）。
- 大阪の出向先で技術開発部に属していた労働者に対する筑波の印刷工場でのインク担当（肉体労働）業務への配転命令を、退職勧奨拒否に対する嫌がらせとして無効とした「フジシール事件」（大阪地方裁判所・平成12〈2000〉年8月28日）。
- 高齢で病気の母親（骨粗鬆症・両変形性膝関節症に罹患し、平成8〈1996〉年には大腸ガンの手術を受けた）と同居している労働者に対する大阪から福島への配転について、労働者の被る不利益が大きすぎるとして無効とした「日本ヘキスト・マリオン・ルセル事件」（大阪地方裁判所・平成9〈1997〉年10月14日）。

出向命令を拒否できる場合

サビヲ

Q 8-6
私はA社の従業員なんだけど、B社に出向しろと言われたよ。拒否できないのかな。

A 8-6

小雪

就業規則に出向命令の規定がなければ、応じる必要はないよ。また、その出向命令があなたを辞めさせるためなど、不当な目的に基づく場合や、あなたに著しく不利益を与える場合は、出向命令権の濫用として無効になる場合があるよ。なお、出向とよく似たものとして転籍があるけど、これは、転籍元との労働契約を終了させて、転籍先との間に新しく労働契約を成立させるものだよ。転籍の場合は、労働者の同意がないとできないよ。

　出向については、就業規則において、単に「業務の都合により必要がある場合には出向を命じることがある」と定めるだけで、**出向先の労働条件・処遇、出向期間、復帰条件等を定めていない場合には、出向命令の法的根拠を欠き無効であるとした裁判例があります**（「日本レストランシステム事件」大阪高等裁判所・平成17〈2005〉年1月25日）。

　また、出向命令が権利濫用に当たると判断された裁判例としては、次のものがあります。

- 出向先での職務が従前の職務とは著しく異なる上、人選の合理的理由も示されていないとして権利濫用とした「JR東海事件」（大阪地方裁判所・昭和62〈1987〉年11月30日）。
- 勤務中の所在不明や無断早退等を理由とする懲戒解雇が裁判上その効力を否定され、労働者が職場復帰したが、会社が、社内に配置すべきポストがないとして、下請け会社への出向を命じた事案において、出向命令には業務上の必要性・人選の合理性共に認められず、権利の濫用に当たるとした「ゴールド・マリタイム事件」（最高裁判所・平成4〈1992〉年1月24日）。
- 出向先の作業は腰痛などの持病をもつ者にとっては、退職に追い込まれる余地のあるものであり、腰痛の持病をもちコルセットを常用せざるを得ない者と、入院を余儀なくされた腰痛の病歴があって完治していない者とに対する出向命令は人事権の濫用として無効とした「東海旅客鉄道事件」（大阪地方裁判所・平成6〈1994〉年8月10日）。

　転籍については、労働者の個別同意を必要とし（「日東タイヤ事件」最高裁判所・昭和48〈1973〉年10月19日）、労働協約や就業規則の転籍条項を根拠に転籍を命じることはできない（「ミロク製作所事件」高知地方裁判所・昭和53〈1978〉年4月20日）とする考えが通説的です。

　ただし、稀なケースではありますが、一定の条件のもとで、入社時などに事前の包括的同意があったと認定し、転籍命令の拘束力を認めた裁判例（「日立精機事件」千葉地方裁判所・昭和56〈1981〉年5月25日等）があるので注意が必要です。

　なお、包括的同意が認められる場合であっても、転籍命令が権利濫用に当たる場合は、その命令は無効です。

© 『ブラックジャックによろしく』佐藤秀峰

復職

サビヲ

Q 8-7
うつ病で休職していたんだけど、主治医から就労可能という診断書をもらったよ。でも会社が復職を認めてくれないよ。

小雪

A 8-7
元の仕事ができる程度に回復している場合はもちろん、そうではなくても、会社に他の仕事があって、その仕事ができる程度に体調が回復していれば、復職できるよ。会社はこれを拒否できないよ。
なお、厚生労働省は「心の健康問題により休業した労働者の職場復帰支援の手引き」というガイドラインを発表し、会社に様々な配慮を求めているよ。

　厚生労働省のガイドラインでは、次のように「職場復帰支援」を5つのステップに分け、詳細な説明をしています（**図8-1**）。詳しくは、当該ガイドラインを参照してください。

図8-1 職場復帰支援の流れ

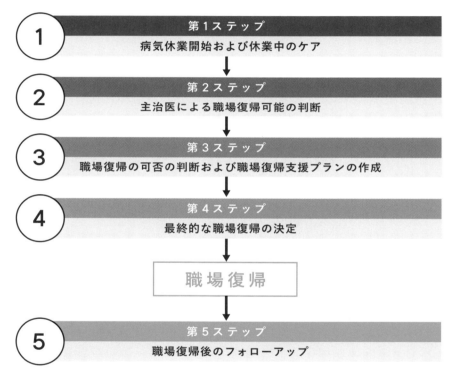

出典：厚生労働省・中央労働災害防止協会「改訂 心の健康問題により休業した労働者の職場復帰支援の手引き」

© 『ブラックジャックによろしく』佐藤秀峰

解雇予告手当

サビヲ

Q 8-8

昨日、社長から突然呼び出されて「明日から来なくていいから」と言われたよ。「解雇予告手当」ってもらえないの?

A 8-8

小雪

即日解雇するなら、平均賃金30日分以上の解雇予告手当を支払うのが最低限のルールだよ。そうでなければ30日前に解雇を予告しなければいけないよ(労働基準法第20条第1項)。
なお、労働基準監督署長の「解雇予告除外認定」があれば解雇予告や予告手当の支払いがなくても合法になるけど、そんな認定はめったにされないよ。
また、そもそも解雇自体非常に要件が厳しいから、解雇予告や、予告手当の支払いがあったとしても、それだけで解雇が有効になるわけではないよ。

■ **労働基準法第20条**

①使用者は、労働者を解雇しようとする場合においては、少くとも三十日前にその予告をしなければならない。三十日前に予告をしない使用者は、三十日分以上の平均賃金を支払わなければならない。但し、天災事変その他やむを得ない事由のために事業の継続が不可能となった場合又は労働者の責に帰すべき事由に基いて解雇する場合においては、この限りでない。

②前項の予告の日数は、一日について平均賃金を支払った場合においては、その日数を短縮することができる。

③前条第二項の規定は、第一項但書の場合にこれを準用する。

能力不足解雇

サビヲ

Q 8-9
「お前はノルマを達成できないからクビ」って言われたよ。

A 8-9
解雇は最終手段だから、そのような「能力不足解雇」は、よほどのことがない限り認められないよ。仕事をする能力が誰の目にも明らかなほど低く、会社が具体的な改善指導を尽くしたり、配置転換して能力を発揮できる場を用意したりするなどの努力をしたにもかかわらず、本人に改善する気がなく、改善の見込みがないような場合に限って解雇ができるとされているよ。

小雪

能力不足等を理由とする普通解雇は、**「客観的に合理的な理由を欠き、社会通念上相当であると認められない場合」権利を濫用したものとして無効になります**（労働契約法第16条）。解雇は最終手段ですから、よほどのことがない限り認められません。

　例えば「セガ・エンタープライゼス事件」（東京地方裁判所・平成11〈1999〉年10月15日）では、平成2（1990）年採用の大学院卒男性労働者について、入社以降配属された部署で的確な業務遂行ができず、高い評価を得られなかったこと、解雇直前の平成10（1998）年度の3回の人事考課がいずれも下位10％未満であることを認定しつつも、体系的な教育、指導を実施することで労働能率の向上を図る余地があること等を理由に、解雇を無効としています。

私傷病による解雇

サビヲ

Q 8-10
休日に行ったスキー場で足を骨折してしまったので、ギプスをして会社に行ったら「車が運転できないからクビ」と言われたよ。

A 8-10
その解雇は無効の可能性が高いよ。会社はあなたに他の仕事をさせるなどして雇い続ける義務があるよ。また、就業規則に「休職」の規定があれば、治るまで休むこともできるよ。

小雪

なお、4日間以上休んだ場合、健康保険を使って給料の3分の2の「傷病手当金」を受け取ることができるよ。受給できる期間は最長1年半だよ。

「東海旅客鉄道事件」（大阪地方裁判所・平成11〈1999〉年10月4日）では、業務外に脳内出血で倒れ、3年の休職期間満了をもって退職扱いとされた労働者について、休職前の業務に関する労務提供ができないとしても、その能力、経験、地位、使用者の規模や業種、その社員の配置や異動の実情、難易等を考慮して、配置換え等により現実に配置可能な業務の有無を検討すべきであるとして、退職扱いが無効とされました。

　このように、**業務外の理由による病気やケガ（私傷病）で以前の仕事ができなくなっても、会社は他の業務へ配転するなどして、雇用を継続する義務があります。**

©『ブラックジャックによろしく』佐藤秀峰

サビヲ

Q 8-11

会社の業績悪化を理由に、今月いっぱいでクビと言われたよ。

A 8-11

小雪

労働者に責任がない、もっぱら会社の都合による解雇は「整理解雇」だよ。整理解雇は次の4つの観点から厳しく判断されるよ。凄くハードルが高いから、あなたの解雇も無効になる可能性があるよ。

① 人員削減の必要性があるか。

② 経費削減や希望退職者募集等、解雇を避けるための努力を尽くしたか。

③ 解雇する人の選び方に合理性があるか。

④ 整理解雇前に労働者側にきちんと説明したか。

会社と解雇の有効性を争っている間の生活費については、仮給付としての失業給付を受けることができるよ。

第8章

解雇・退職等

　整理解雇は労働者に全く落ち度がないのに解雇するものですので、解雇の中でも最もハードルが高いものです。コロナ禍を理由とする整理解雇が増えていますが、第4章で説明したとおり、コロナについては

政府が様々な支援策を用意しています。したがって、そのような支援を受けて解雇を回避する努力をしなかった場合、解雇は無効になるでしょう。「コロナだからしょうがない」と諦めてはいけません。

　例えば、解雇回避努力を怠ったとして整理解雇を無効とした裁判例としては、次のようなものがあります。

- 新規採用の抑制、希望退職者の募集、配置転換の打診を行っていれば、相当程度の余剰人員を吸収できたのに、その検討すら怠っており、解雇回避努力が不十分とされた「横浜商銀信用組合事件」（横浜地方裁判所・平成19〈2007〉年5月17日）。
- 整理解雇の前月までの間、増額した役員報酬を受領し、解雇の月になって役員報酬の支払いを停止しても、解雇回避努力を尽くしたとは到底言えないとされた「マルナカ興業事件」（高知地方裁判所・平成17〈2005〉年4月12日）。

懲戒解雇・諭旨解雇

サビヲ

Q 8-12
会社に退職を願い出たら、以前私がした些細なミスを理由に懲戒解雇されてしまったよ。

A 8-12
その懲戒解雇は無効の可能性が高いよ。懲戒解雇は最終手段だから、よほどのことがないと認められないよ。些細な業務上のミス程度では懲戒解雇できないよ。

小雪

　労働契約法第15条は「使用者が労働者を懲戒することができる場合において、当該懲戒が、当該懲戒に係る労働者の行為の性質及び態様その他の事情に照らして、客観的に合理的な理由を欠き、社会通念上相当であると認められない場合は、その権利を濫用したものとして、当該懲戒は、無効とする」と定めています。**懲戒解雇は、懲戒のうち最も重い処分ですので、その有効性が厳しく判断されます。**

　会社が懲戒権を行使するには、**就業規則等に懲戒事由と懲戒の種類が明記され、かつ、労働者に周知されていることや、最低でも、労働者に弁明の機会を与えること等、様々な要件を満たさなければなりません。**したがって、懲戒解雇以外の懲戒でも、有効性が簡単に認められるわけではありません。

　懲戒解雇・諭旨解雇が無効とされた事例としては、次のようなものがあります。

- 退職勧奨後に3日間の無断欠勤をしたことを理由とする懲戒解雇を無効とした「ウサミ印刷事件」（名古屋高等裁判所・平成12〈2000〉年5月18日）。

- トラック運転手について、髪の毛を黄色に染めたことを理由になされた諭旨解雇につき、髪の毛の色など、労働者の人格や自由に関する事項に関する制約は、企業の円滑な運営上必要かつ合理的な範囲にとどまるとして、諭旨解雇を無効とした「株式会社東谷山家事件」（福岡地方裁判所小倉支部・平成9〈1997〉年12月25日）。

- 事業所の工員につき、砂川事件に加担して、刑事特別法違反の罪により罰金刑を受けたとしても、犯行の動機目的が破廉恥ではなく、罰金2000円にとどまるとして、懲戒解雇を無効とした「日本鋼管事件」（最高裁判所・昭和49〈1974〉年3月15日）。

© 『ブラックジャックによろしく』佐藤秀峰

辞めたら損害賠償？

Q 8-13

正社員として入社したんだけど、サービス残業がきつすぎて、会社を辞めたいと申し出たら「辞めるんだったら損害賠償請求してやる」と脅されたよ。辞められないのかな。

A 8-13

小雪

正社員のような無期契約の場合、法律上、原則として退職日の2週間前までに退職する意思を会社に明らかにすれば、退職できるよ（民法第627条第1項）。法律で決まっていることだから、どんな理由があろうとこれは邪魔できないよ。正社員以外の有期契約であっても、「やむを得ない事由」があれば、退職できるよ（民法第628条）。サービス残業をさせるのは違法だから、「やむを得ない事由」があると言えるね。また、有期契約でも、1年を経過した場合や、契約を自動更新した場合には、いつでも退職できるよ。なお、退職するときには、有給休暇を全部消化することができるよ。会社がこれを拒むことはできないよ。会社から労働者に対し、退職したことを理由とする損害賠償請求をし

> ても、まず認められない。そんなものを
> 認めたら誰も退職できなくなっちゃうか
> らね。退職したことで何か会社に損害
> が出るなら、それはそういう脆弱な体制
> にした会社の責任であって、労働者に
> 責任はないよ。

「プロシード元従業員事件」(横浜地方裁判所・平成29〈2017〉年3月30日)
では、躁うつ病を理由に退職した社員に対して、会社側が、虚偽の事
実をねつ造して退職し、業務の引き継ぎを行わなかったことにより損
害が生じたとして、1270万5144円もの損害賠償を請求しました。

　これに対し、元従業員側が、会社側の退職妨害、訴訟の提起及び準
備書面による人格攻撃が不法行為に当たると主張して、330万円の損
害賠償の支払いを求める反訴を提起しました。

　判決は、会社側の請求を棄却し、逆に元従業員側の主張を認め、会
社に対し110万円の損害賠償金の支払いを命じました。**このように、退
職したことを理由に会社が労働者に対して損害賠償を請求しても、そ
れが認められないばかりか、逆にそのような不当な訴訟を提起したこ
とが労働者に対する不法行為になり得るのです。**

　したがって、「退職したら損害賠償請求してやる」といった脅しに屈
する必要はありません。

参照条文

■ **民法第627条**（期間の定めのない雇用の解約の申入れ）
　①当事者が雇用の期間を定めなかったときは、各当事者は、いつでも解約の申入れをする
　ことができる。この場合において、雇用は、解約の申入れの日から二週間を経過すること
　によって終了する。

②期間によって報酬を定めた場合には、使用者からの解約の申入れは、次期以後について
することができる。ただし、その解約の申入れは、当期の前半にしなければならない。
③六箇月以上の期間によって報酬を定めた場合には、前項の解約の申入れは、三箇月前に
しなければならない。

- **民法第628条**（やむを得ない事由による雇用の解除）
当事者が雇用の期間を定めた場合であっても、やむを得ない事由があるときは、各当事者
は、直ちに契約の解除をすることができる。この場合において、その事由が当事者の一方
の過失によって生じたものであるときは、相手方に対して損害賠償の責任を負う。

ミスをしたから損害賠償？

サビヲ

Q 8-14
会社から、仕事上のミスを理由に、高額の損害賠償請求をされたよ。ミスをした自分が悪いから、払わないといけないよね。

A 8-14
原則として払う必要はないよ。会社は労働者を働かせて利益を得ているのだから、損害が出た場合は会社が負担すべきだよ。そうしないと「いいとこどり」になっちゃうからね。わざと会社に損害を与えたとか、不注意の程度が著しい場合にしか、労働者の損害賠償責任は発生しないよ。

小雪

「エーディーディー事件」（京都地方裁判所・平成23〈2011〉年10月31日）では、労働契約上の義務違反により売上減少の損害を受けたとの使用者側主張に対し、「取引関係にある企業同士で通常にあり得るトラブルなのであって、それを労働者個人に負担させるのは相当ではない」として、損害賠償請求を否定しています。

会社が破産する場合

サビヲ

Q 8-15
「会社が破産するので、給料は払えない」
と言われたよ。どうしよう。

小雪

A 8-15
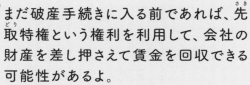
まだ破産手続きに入る前であれば、先
取特権という権利を利用して、会社の
財産を差し押さえて賃金を回収できる
可能性があるよ。
もう破産手続きが始まってしまった場合
や、事実上の倒産状態にあると所轄の
労働基準監督署が認定した場合は、
労働者健康安全機構から未払い賃金
の8割を立て替え払いしてもらえる制度
があるよ。

退職金

サビヲ

Q 8-16

退職金て、必ずもらえるの？

A 8-16

小雪

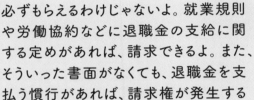

必ずもらえるわけじゃないよ。就業規則や労働協約などに退職金の支給に関する定めがあれば、請求できるよ。また、そういった書面がなくても、退職金を支払う慣行があれば、請求権が発生する余地があるよ。
なお、退職の際の嫌がらせで退職金を全額不支給にする会社もあるけど、全額不支給にするのは会社に対してよほどの大きな害悪をもたらす背信行為をした場合に限られるよ。

「小田急電鉄事件」（東京高等裁判所・平成15〈2003〉年12月11日）では、鉄道会社の従業員が、私生活上の痴漢行為を理由として会社から懲戒解雇され、退職金も全額不支給とされました。しかし、判決は、退職金について、それまでの勤続の功を抹消するほどの強度の背信性を持つ行為であるとまでは言えないとして、退職金請求のうち、3割に当たる額を認容しました。

第8章

解雇・退職等

過労でうつ病になったら

サビヲ

Q 8-17

ブラック企業で働きすぎて、うつ病になってしまったよ。今は実家を離れて一人暮らしだけど、貯金もなく、家賃も払えず滞納しているよ。このままでは生活できないよ。どうしよう。

A 8-17

生活保護制度を利用して、生活費・住宅費・医療費などの給付を無償で受けることができるよ。家賃を滞納していてもすぐに出ていく必要はないよ。労災が認められる可能性もあるから、労災申請も検討すべきだよ。

小雪

競業避止義務

Q 8-18

会社を辞めたんだけど、その際に、3年間、地域の限定なく、同業他社への就職をしないという同意書を差し入れるよう命じられて、サインしちゃったよ。これだともう同業他社への就職はできないかな。

小雪

A 8-18

そういう同意書は、あなたが強引にサインさせられた場合や、禁止の範囲が必要かつ合理的な範囲を超えている場合は、無効だよ。あなたの場合は禁止の期間が長すぎるし、場所の限定もされていないから、範囲が広すぎて無効になる可能性は高いよ。

「ジャクパコーポレーションほか1社事件」（大阪地方裁判所・平成12〈2000〉年9月22日）では、労働者が、同業他社への転職を疑われる中で、使用者から個別に呼び出され退職理由等を追及されて、使用者があらかじめ用意していた誓約書に署名させられました。判決は、当該誓約書は提出を拒絶しがたい状況の中で意思に反して作成提出させられたものというべきであり、任意の合意と言えるかには多大な疑問があるとして、誓約書の効力を認めませんでした。

「新日本科学事件」（大阪地方裁判所・平成15〈2003〉年1月22日）では、退

職の際に競業避止義務に関する合意（1年間同種の業務に就かない）を締結した労働者が、退職後に競合他社へ就職したところ、会社から競業避止義務違反を理由に就労行為の中止を求められました。

　判決は、労働者が入社したばかりでノウハウを知ることができる地位になかったことや、労働者が同種の業務に12年間就いており、これを制限することによる不利益は、会社側が守ろうとする利益よりも極めて大きいこと、退職金その他の代償措置も取られていない等の事実を認定した上で、競業制限が必要かつ合理的な範囲を超えるものであり、公序良俗に反して無効であるとしました。

第 **9** 章

非正規雇用等

違法な差別ですよ

なんで契約社員だけ

社員食堂の利用料が高いんですか

©『ブラックジャックによろしく』佐藤秀峰

有期契約社員に対する差別

サビヲ

Q 9-1

銀行で有期契約社員として働いているよ。正社員は社員食堂で1回200円で食事できるのに、契約社員は400円払わないといけないよ。こういう差別って許されるの？

A 9-1

許されないよ。パートタイム・有期雇用労働法は有期契約者に対する不合理な差別を禁止しているよ。特に、通勤手当・食堂の利用・安全管理についての待遇に差をつけることは、特別の理由がない限り違法だよ。

小雪

　パートタイム・有期雇用労働法（短時間労働者及び有期雇用労働者の雇用管理の改善等に関する法律）が2020年4月1日（中小企業については2021年4月1日）から施行されました。これにより、**正社員と非正規社員との間の不合理な待遇差が禁止されます。**

　いかなる待遇差が不合理なものであるかは、厚生労働省が作成した「同一労働同一賃金ガイドライン」において詳細に説明されています。一部を引用します。 図9-1

図9-1 「同一労働同一賃金ガイドライン」の概要

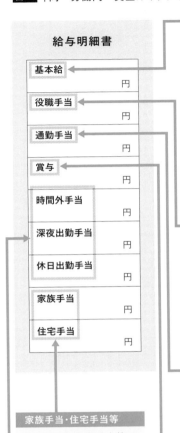

給与明細書

基本給	
	円
役職手当	
	円
通勤手当	
	円
賞与	
	円
時間外手当	
	円
深夜出勤手当	
	円
休日出勤手当	
	円
家族手当	
	円
住宅手当	
	円

基本給

労働者の「①能力または経験に応じて」、「②業績または成果に応じて」、「③勤続年数に応じて」支給する場合は、①、②、③に応じた部分について、同一であれば同一の支給を求め、一定の違いがあった場合には、その相違に応じた支給を求めている。

正社員とパートタイム労働者・有期雇用労働者の賃金の決定基準・ルールに違いがあるときは、「将来の役割期待が異なるため」という主観的・抽象的説明では足りず、賃金の決定基準・ルールの違いについて、職務内容、職務内容・配置の変更範囲、その他の事情の客観的・具体的な実態に照らして不合理なものであってはならない。

役職手当等

労働者の役職の内容に対して支給するものについては、正社員と同一の役職に就くパートタイム労働者・有期雇用労働者には、同一の支給をしなければならない。
また、役職の内容に一定の違いがある場合においては、その相違に応じた支給をしなければならない。

※同様の手当て　特殊作業手当(同一の危険度または作業環境の場合)
　　　　　　　　特殊勤務手当(同一の勤務形態の場合)
　　　　　　　　精皆勤手当(同一の業務内容の場合)　　　　　等

通勤手当等

パートタイム労働者・有期雇用労働者には正社員と同一の支給をしなければならない。

※同様の手当て　単身赴任手当(同一の支給要件を満たす場合)等

家族手当・住宅手当等

家族手当、住宅手当等はガイドラインには示されていないが、均衡・均等待遇の対象となっており、各社の労使で個別具体の事情に応じて議論していくことが望まれる。

賞与

会社の業績等への労働者の貢献に応じて支給するものについては、正社員と同一の貢献であるパートタイム労働者・有期雇用労働者には、貢献に応じた部分につき、同一の支給をしなければならない。また、貢献に一定の違いがある場合においては、その相違に応じた支給をしなければならない。

時間外手当等
正社員と同一の時間外、休日、深夜労働を行ったパートタイム労働者・有期雇用労働者には、同一の割増率等で支給をしなければならない。

出典:厚生労働省・都道府県労働局「パートタイム・有期雇用労働法周知リーフレット 20190121」

第9章

非正規雇用等

- **パートタイム・有期雇用労働法**（短時間労働者及び有期雇用労働者の雇用管理の改善等に関する法律）**第8条**（不合理な待遇の禁止）

事業主は、その雇用する短時間・有期雇用労働者の基本給、賞与その他の待遇のそれぞれについて、当該待遇に対応する通常の労働者の待遇との間において、当該短時間・有期雇用労働者及び通常の労働者の業務の内容及び当該業務に伴う責任の程度（以下「職務の内容」という）、当該職務の内容及び配置の変更の範囲その他の事情のうち、当該待遇の性質及び当該待遇を行う目的に照らして適切と認められるものを考慮して、不合理と認められる相違を設けてはならない。

- **パートタイム・有期雇用労働法第９条**（通常の労働者と同視すべき短時間・有期雇用労働者に対する差別的取扱いの禁止）

事業主は、職務の内容が通常の労働者と同一の短時間・有期雇用労働者（第十一条第一項において「職務内容同一短時間・有期雇用労働者」という）であって、当該事業所における慣行その他の事情からみて、当該事業主との雇用関係が終了するまでの全期間において、その職務の内容及び配置が当該通常の労働者の職務の内容及び配置の変更の範囲と同一の範囲で変更されることが見込まれるもの（次条及び同項において「通常の労働者と同視すべき短時間・有期雇用労働者」という）については、短時間・有期雇用労働者であることを理由として、基本給、賞与その他の待遇のそれぞれについて、差別的取扱いをしてはならない。

© 『ブラックジャックによろしく』佐藤秀峰

無期転換ルール

サビヲ

Q 9-2
アルバイトとして長年働いているよ。同じ会社で5年を超えて働いたら、その会社でずっと働けるようになるって聞いたんだけど、本当？

A 9-2
本当だよ。平成25（2013）年4月1日以降に開始された労働契約が更新され続けて、通算で5年を超える場合は、労働者から申し込むことで、労働契約を期間の定めのない労働契約に転換することができるよ。

小雪

　有期契約が5年を超えて更新された場合は、有期契約労働者からの申し込みにより、期間の定めのない労働契約に転換されます。ここでいう有期契約は、契約社員やアルバイト・パートなどの名称を問わず、雇用期間が定められた契約を意味します。したがって、アルバイト契約であっても無期転換ルールが適用される場合があります。

　厚生労働省のパンフレットから無期転換の流れを引用します。 **図9-2**

図9-2 無期転換ルール

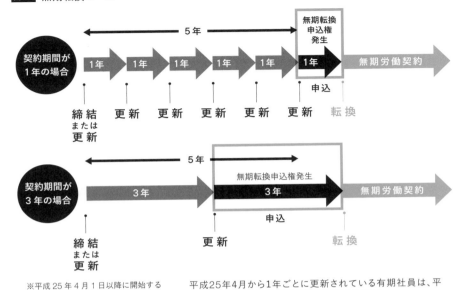

※平成25年4月1日以降に開始する
　有期労働契約が通算の対象

平成25年4月から1年ごとに更新されている有期社員は、平成30年4月から無期転換申込権が発生します。

出典:厚生労働省「無期転換ルール ハンドブック」

　やや複雑ですので、自分に無期転換ルールが適用されるのかどうかは、弁護士などの専門家に確認するのが確実です。

参照条文

■ **労働契約法第18条**
　①同一の使用者との間で締結された二以上の有期労働契約（契約期間の始期の到来前のものを除く。以下この条において同じ）の契約期間を通算した期間（次項において「通算契約期間」という）が五年を超える労働者が、当該使用者に対し、現に締結している有期労働契約の契約期間が満了する日までの間に、当該満了する日の翌日から労務が提供される期間の定めのない労働契約の締結の申込みをしたときは、使用者は当該申込みを承諾したものとみなす。この場合において、当該申込みに係る期間の定めのない労働契約の内容である労働条件は、現に締結している有期労働契約の内容である労働条件（契約期間を除く）と同一の労働条件（当該労働条件〈契約期間を除く〉について別段の定めがある部分を除く）とする。

②当該使用者との間で締結された一の有期労働契約の契約期間が満了した日と当該使用者との間で締結されたその次の有期労働契約の契約期間の初日との間にこれらの契約期間のいずれにも含まれない期間（これらの契約期間が連続すると認められるものとして厚生労働省令で定める基準に該当する場合の当該いずれにも含まれない期間を除く。以下この項において「空白期間」という）があり、当該空白期間が六月（当該空白期間の直前に満了した一の有期労働契約の契約期間〈当該一の有期労働契約を含む二以上の有期労働契約の契約期間の間に空白期間がないときは、当該二以上の有期労働契約の契約期間を通算した期間。以下この項において同じ〉が一年に満たない場合にあっては、当該一の有期労働契約の契約期間に二分の一を乗じて得た期間を基礎として厚生労働省令で定める期間）以上であるときは、当該空白期間前に満了した有期労働契約の契約期間は、通算契約期間に算入しない。

有期労働契約は
期間満了で
終了するのが
原則ですが

例外的に
使用者側が
契約更新を
拒絶できない
場合があります

更新を何度も
繰り返していた
場合や

更新を期待する
ことに合理的な
理由がある
場合です

私は
8回も更新
してます

私はそれに
当てはまる
のでは

そうですね

正当な理由
がなければ
更新拒絶
できません

サビヲ

Q 9-3

期間半年の契約社員として4年間、8回も契約を更新して働いてきたけど、更新しないと言われてしまったよ。

A 9-3

小雪

それは違法な雇止めに該当する可能性があるよ。契約期間が決まっていても、何度も更新されていた場合や、更新を期待させていた場合には、正当な理由がない限り、会社は更新を拒絶することはできないよ。
なお、契約を更新する際は、「次回の契約は更新しません」というような不更新条項が入っているかどうかを必ずチェックするべきだよ。不更新条項が入っていると、更新されないことについて労働者も合意していると認定されてしまう可能性があるよ。

　有期労働契約は期間満了により終了するのが原則ですが、下記のいずれかに該当する場合、客観的合理的理由及び社会通念上の相当性がなければ、更新を拒絶できません（労働契約法第19条）。

- 過去に反覆更新されており、期限の定めのない契約と同視できる状態になっていること。
- 契約更新されると期待することについて合理的理由があること。

　なお、前述した無期転換ルールの適用を免れるため、更新拒絶をするケースがあります。しかし、この労働契約法第19条により更新拒絶が無効になり、契約期間が通算5年を超える場合、無期転換ルールの適用が可能になります。

参照条文

- **労働契約法第19条**
　有期労働契約であって次の各号のいずれかに該当するものの契約期間が満了する日までの間に労働者が当該有期労働契約の更新の申込みをした場合又は当該契約期間の満了後遅滞なく有期労働契約の締結の申込みをした場合であって、使用者が当該申込みを拒絶することが、客観的に合理的な理由を欠き、社会通念上相当であると認められないときは、使用者は、従前の有期労働契約の内容である労働条件と同一の労働条件で当該申込みを承諾したものとみなす。
　　　一　当該有期労働契約が過去に反復して更新されたことがあるものであって、その契約期間の満了時に当該有期労働契約を更新しないことにより当該有期労働契約を終了させることが、期間の定めのない労働契約を締結している労働者に解雇の意思表示をすることにより当該期間の定めのない労働契約を終了させることと社会通念上同視できると認められること。
　　　二　当該労働者において当該有期労働契約の契約期間の満了時に当該有期労働契約が更新されるものと期待することについて合理的な理由があるものであると認められること。

サビヲ

Q 9-4

6か月任期の有期公務員として、2年間働いてきたんだけど、突然「任用を打ち切る」と言われたよ。

小雪

A 9-4

公務員には労働契約法の雇止めに関する規定は適用されないけど、労働者に任用継続への正当な期待があれば、不当な任用打ち切りに該当し、損害賠償を請求できる可能性はあるよ。

業務委託契約等の非雇用契約

サビヲ

Q 9-5
フリーのウェブデザイナーとして、ある会社と業務委託契約を締結して仕事をしているんだけど、ほぼその会社の専従で、働き方はその会社の社員と変わらないよ。物凄く長時間労働させられているんだけど、残業代は請求できないのかな。

A 9-5
社員とほとんど変わらないような働き方であれば、労働基準法上の「労働者」に該当し、残業代を請求できる可能性はあるよ。「労働者」に該当するかどうかは、名称だけでは決まらないよ。形式的に業務委託契約であっても、労働者に該当すると判断される可能性はあるよ。

小雪

　労働基準法をはじめとする労働関連法規の適用を免れるため、実態は労働契約なのにもかかわらず、「業務委託」等と称して契約が締結されることがあります。

　しかし、労働基準法上の労働者というのは、「職業の種類を問わず、事業または事務所に使用される者で、賃金を支払われる者」です（労働基準法第9条）。

　この労働者に該当するかどうかは、次のような判断要素に基づき、実

態を見て判断されます。ただ名前だけで決まるわけではありません。

①「使用従属性」に関する判断基準

ア 仕事の依頼、業務従事の指示に対する諾否の自由の有無

イ 業務遂行上の指揮監督の有無

ウ 拘束性の有無

エ 代替性の有無

オ 報酬の労務対償性の有無

②「労働者性」の判断を補強する要素

ア 事業者性の有無

　　（ア）機械、器具の負担関係

　　（イ）報酬の額（正規従業員と比較して著しく高額か否か）

イ 専属性の程度

　　（ア）他社の業務に従事することの制約性、困難性

　　（イ）報酬の生活保障的要素の有無（固定給部分の有無等）

　これらの要素を総合的に考慮して、労働者に該当するかどうかが判断されます。**普通のサラリーマンと同様に会社からの拘束が強い働き方をしていれば「労働者」と言ってよいでしょう。**

第 **10** 章

労働組合

©『ブラックジャックによろしく』佐藤秀峰

労働組合とは

サビヲ

Q 10-1

労働組合ってなに?

A 10-1

労働者が、使用者に対して自分たちの労働条件の改善を求めたり、不当な解雇を撤回させるなど労働者の権利を守るために結成する団体のことだよ。「労働組合を作る権利（団結権）」「労働組合として使用者と交渉する権利（団体交渉権）」「ストライキなどの闘いをする権利（団体行動権）」が日本国憲法上保障されているよ。

小雪

参照条文

- **日本国憲法第28条**
  勤労者の団結する権利及び団体交渉その他の団体行動をする権利は、これを保障する。

© 『ブラックジャックによろしく』佐藤秀峰

会社に労働組合がなかったら?

サビヲ

Q 10-2

私の会社には労働組合がないのだけど、どうすればいいの?

A 10-2

地域や職種ごとに結成されている労働組合に入ることができるよ。
「○○ユニオン」という名称で各地にあるから探してみて。一人でも加入できるよ。なお、会社に既に組合がある場合でも、社外の組合に加入できるよ。

小雪

第 **11** 章

相談先等

法律
なめんなよッ
!!

© 『ブラックジャックによろしく』佐藤秀峰

困ったときには

サビヲ

Q 11-1

ブラック企業と闘うには、どうすればいいの?

A 11-1

小雪

一人で行動するのは大変だから、労働組合か弁護士にまず相談することが大切だよ。労働組合については、社内に労働組合がないか、あっても御用組合で役に立ちそうにない場合は、社外の労働組合に相談するのがいいよ。

弁護士への相談については、日本労働弁護団が毎週定期的に無料の電話相談をしているから、そこに電話をかけるのがてっとり早いよ。ブラック企業被害対策弁護団も、所属弁護士の連絡先をホームページで公開しているから、そこに電話をかけて相談するのもいいよ。

　日本労働弁護団では、毎週、月曜・火曜・木曜の15時〜17時、土曜の13時〜15時の時間帯で、全国からの電話による無料の労働相談に対応しています。「日本労働弁護団　ホットライン」で検索すると、各地の弁護団の電話番号が掲載されたページが表示されますので、最寄りの弁護団にお問い合わせください。

ブラック企業被害対策弁護団でも、相談を受け付けています。ブラック企業被害対策弁護団のホームページにある「相談窓口の紹介」に、弁護団員が所属する各地の相談受付事務所の電話番号が記載されているので、お問い合わせください。

© 『ブラックジャックによろしく』佐藤秀峰

あとがき

　日本では労働基準法その他、労働関連法規違反が横行しています。非常にわかりやすい例が、第4章「Q4-6」のところで指摘した36協定の締結状況です。合法的に残業命令を出すには36協定の締結が必要ですが、厚生労働省の平成25年労働時間等総合実態調査によると、36協定を締結していない事業場の割合は44.8%にものぼります。これらの事業場がすべて残業をさせていないかと言えば、そんなことはあり得ないでしょう。36協定を締結せず、違法に残業をさせているのです。

　誰もが知っている大企業も労働関連法規に違反しています。大企業の場合、法務部門に人的リソースを割く余裕があるので、形式的には法務関連の文書が整っていますが、結局、実質的に見ると違法、というケースが多いように思います。

　労働関連法規に関する使用者側の説明は嘘が多く混じっています。知識がなければ、そういった使用者側の言い分に騙されてしまいます。この本が、そういった嘘を見破るきっかけになれば幸いです。

　そして、使用者側が嘘をついて労働関連法規に違反していると思っ

たら、迷わず労働組合や弁護士に相談してください。相談をすることから第一歩が始まります。相談するかしないかで、人生が変わると言っても全く言い過ぎではありません。

　また、ここが一番大事なところなので強調します。とにかく記録をしてください。特に労働時間の記録は必須です。多くの労働者が、労働時間の記録がないために泣き寝入りを強いられてきました。使用者側に正確な労働時間の記録を期待することはできません。過労死大国であるこの国で、自分を守るためにまず一番必要なことは労働時間の記録をすることです。また、各種ハラスメントの立証のために必要なことは音声録音です。ハラスメントをしてくる人に遭遇したら、迷わず録音してください。

　この本が多くの労働者の方々に読まれることを期待します。

2021年9月　明石順平

[著] **小倉崇徳**（おぐら・たかのり）
弁護士（とちぎ総合法律事務所）。栃木県弁護士会所属。

徳田隆裕（とくだ・たかひろ）
弁護士（金沢合同法律事務所）。金沢弁護士会所属。

鈴木悠太（すずき・ゆうた）
弁護士（旬報法律事務所）。第二東京弁護士会所属。

大久保陽加（おおくぼ・はるか）
弁護士（奈良合同法律事務所）。奈良弁護士会所属。

図版制作：タナカデザイン

［監 修］ **ブラック企業被害対策弁護団**
ブラック企業の被害者を救済することを目的として
2013年に発足した弁護士団体。
全国で300人以上の弁護士が名を連ねている。

［編 著］ **明石順平**（あかし・じゅんぺい）
弁護士（鳳法律事務所）。埼玉弁護士会所属。
1984年、和歌山県生まれ、栃木県育ち。
著書『アベノミクスによろしく』『データが語る日本財政の未来』
（共にインターナショナル新書）など。

Q&A 誰でもできるブラック企業対策

2021年10月31日　第1刷発行

監　修　　ブラック企業被害対策弁護団
編　著　　明石順平
発行者　　岩瀬 朗
発行所　　株式会社 集英社インターナショナル
　　　　　〒101-0064 東京都千代田区神田猿楽町1-5-18
　　　　　電話　03-5211-2632
発売所　　株式会社 集英社
　　　　　〒101-8050 東京都千代田区一ツ橋2-5-10
　　　　　電話　03-3230-6080（読者係）
　　　　　　　　03-3230-6393（販売部）書店専用
印刷所　　凸版印刷株式会社
製本所　　株式会社ブックアート